INTRODUCCIÓN A LA **HISTORIA** DEL **TEATRO** **MUSICAL** **AMERICANO**

JUANJO GONZÁLEZ

BROADWAY

Para obtener más información sobre productos, programas, talleres y cursos de GO Broadway, visite www.go-broadway.com

Para obtener más información sobre el autor, visite broadwayworld.com y lacojaproducciones.com
ISBN: 9798780904519
Imprint: Publicación independiente

TABLA DE CONTENIDOS

INTRODUCCIÓN

L as raíces del musical americano no son muy conocidas y es necesario saber de dónde viene para entender por qué esta tradición ha evolucionado de una manera determinada. Sin embargo, sí que se sabe acerca de los éxitos más recientes con una mirada nostálgica hacia lo que se conoce como la Era Dorada de Broadway, que dependiendo del historiador se puede extender hasta una fecha determinada.

Este libro pretende ser una invitación para todos aquellos que estén interesados por el género teatral con capital en Nueva York y Londres, que cuenta con fans en todo el mundo. Incluye una pincelada al final sobre Cine Musical y a lo largo del libro comento cómo los títulos más importantes han llegado a las capitales de habla hispana. Como uno de esos fans musicaleros, comencé escuchando desde joven los títulos más conocidos como THE PHANTOM OF THE OPERA, y como no, las bandas sonoras de las películas Disney. Con el paso del tiempo, la curiosidad me ha llevado a indagar y a buscar más sobre los autores que han ido forjando el arte de contar historias a través de las canciones.

Como director de BroadwayWorld Spain durante más de diez años, he podido ver cómo han surgido nuevos nombres y nuevos sonidos, corroborando que las épocas doradas no son algo relegado al pasado y que el teatro, en general, es un arte que depende del ahora y del gusto popular del momento.

El análisis que encontrará el lector en las próximas páginas no es exhaustivo, es un punto de partida, con referencias bibliográficas para que pueda ampliar posteriormente sobre cada tema en concreto a posteriori, un vistazo al lienzo para el que merece la pena dar unos pasos atrás con el fin de disfrutar de su conjunto.

Como profesor de Historia del Teatro Musical, siempre he animado a mis estudiantes a buscar más información sobre los autores y las obras que vais a encontrar a continuación. No dejes de leer más libros de los productores y compositores que te llamen la atención. Por ejemplo, cuando encuentres la razón por la que Hal Prince se interesó por dirigir determinada obra, la emoción que le producía ponerse a planear su siguiente obra nada más estrenar la anterior, entenderás por qué se convirtió en uno de los mayores productores de la historia de Broadway.

Algo que hace más especial aún la lectura es tener cerca un reproductor de música, a ser posible un dispositivo con acceso a Spotify. Por mucho que quieras describir cómo Anne Brown cantaba 'Summertime' no hay nada como escucharlo, así que, por favor, usa este QR para acompañar la lectura de buena música. Presta atención a los matices, los detalles, las palabras, porque como verás en este libro, la importancia está en la historia que se cuenta. Welcome, and enjoy the show!

CONCEPTOS BÁSICOS DE TEATRO MUSICAL

Un musical, en general, es una producción para teatro, televisión o cine, que usa estilos populares de música, para contar una historia o para mostrar el talento de los autores, con diálogos opcionales. Esta es la definición de John Kenrick, autor del libro "Musical Theatre: A History", que recomiendo encarecidamente. La definición básica de Teatro Musical es la forma de teatro en la que se combinan música, canciones, diálogos hablados y baile, integrados. Me voy a centrar en el Teatro Musical en su cuna, el Teatro Musical Americano, ya que Broadway es el referente para todos los que amamos este género, profesionales, fans y público.

¿Qué es un musical de Broadway? No es solo un musical que se representa en Broadway. Ha habido operetas, cabarets, shows que se han estrenado en Londres o en Alemania que han terminado en Broadway. Es un tipo de musical concreto, un tipo de teatro único que ha ido evolucionando y desarrollándose con los años y se ha convertido en una tradición. El musical es la contribución más significativa de América al Teatro Internacional.

Se trata de un teatro que no busca el arte por el arte, sino para el entretenimiento del público, y cuando veas de dónde nace entenderás a lo que me refiero. Es un arte comercial, y tiene que serlo para su desarrollo porque en la mayoría de los casos son trabajos que nacen de manera privada. Es la tradición del Show Business. Todos y cada uno de los profesionales que pertenecen a un musical forman parte de un negocio, como los miembros de una empresa. La presión está en el sistema comercial—en un musical de Broadway se tienen que reescribir canciones, añadirlas, quitarlas, cambiar números, resolver problemas inesperados, y todo en el camino hacia el estreno en Broadway.

No hay un musical desligado o separado de su época. Es un tipo de teatro que habla a un público concreto y, sobre todo, en un momento histórico concreto. Por ejemplo, ¿por qué Rodgers y Hammerstein escribieron SOUTH PACIFIC cuando lo escribieron? Porque el mundo acababa de salir de la Segunda Guerra Mundial y este musical está basado en las Historias del Sur del Pacifico, de James A. Michener. ¿Por qué Lin Manuel Miranda estrenó HAMILTON en 2015? Porque este brillante genio escogió una figura como Alexander Hamilton y vio una resonancia en la política actual. En ambos casos el éxito está precisamente en eso, en que resuene, en que el público conecte y se sienta identificado.

El Teatro Musical es una de las disciplinas más colaborativas que hay. La creación de la música, el libreto, la danza, la escenografía... tiene que ir toda a una, y en la misma dirección. A lo largo de la historia que te voy a contar verás que ha habido musicales en los que se ha seguido esa norma y han ido muy bien y otros en los que el camino hasta Broadway se convirtió en un calvario por no tenerlo en cuenta.

ELEMENTOS BÁSICOS DE UN MUSICAL

1. Dramaturgia/Libreto (Book)

Es de lo que va el show y es fundamental. Luego se rodea de una buena música, de buenos bailes, pero si la historia no se sostiene, sino le interesa a nadie, estás perdido. B.T. McNicholl, director de CABARET en Madrid y director residente de BILLY ELLIOT en Broadway dice siempre que "It's All About The Book" ("Todo va sobre el libreto"). El resto de elementos deben servir las necesidades dramáticas del "book", y si es lo suficientemente bueno, el propio libreto ofrecerá las posibilidades para que en un determinado momento surja la necesidad de una canción o un baile. En un musical, cuando la emoción es tan fuerte que no se puede hablar, se canta; cuando es tan fuerte que no se puede cantar, se baila. Un ejemplo claro de esta "fórmula" es WEST SIDE STORY.

El primer libretista que se tomó en serio el Teatro Musical fue Oscar Hammerstein II. Fue quien escribió el libreto de SHOW BOAT, el primer título que no se pudo tomar como Musical Comedy, como Comedia Musical, un concepto muy genérico de los musicales, sino que era una Obra Musical, que abrió la puerta al Teatro Musical Americano serio, hablando de un tema tan tabú en Estados Unidos en 1927 como el mestizaje.

No todos los musicales que comentaré siguen una historia lineal. Por ejemplo, en CABARET, HAIR o COMPANY el libreto y la partitura giran en torno a un mensaje o concepto central, más que en un argumento. También es posible que todo sea cantado y en tal caso se conoce como Sung-Through Musical, como en EVITA o LES MISERABLES.

Si un musical utiliza canciones de un artista, banda o un estilo en concreto de música como base de la producción estamos ante un Jukebox musical, como por ejemplo AMERICAN IDIOT, con la música de GREEN DAY, o MAMMA MIA!, con la música de ABBA.

Richard Rodgers (izquierda), Irving Berlin (centro), Oscar Hammerstein II (derecha), y Helen Tamiris (atrás) tomando audiciones en el St. James Theatre, 1948.

2. MÚSICA

Es parte del nombre del género. La partitura que se interpreta es lo que caracteriza el Teatro Musical. Si recorremos el camino que va desde el piano del compositor hasta el escenario, entenderemos cómo nace la chispa del musical. Dentro de la partitura de un musical de manual podemos distinguir varios elementos:

a) La Obertura y/o el número inicial u opening number: Es el comienzo del show, a veces es únicamente instrumental, en el que se hace un medley de las canciones más importantes, como en el caso de GYPSY, y a veces directamente es el primer número del show, como en INTO THE WOODS. Antiguamente, aunque sea poco romántico, servía para que la gente se fuera sentando y por eso suelen ser tan largos. Esta parte del show crea el ambiente. Tanto la obertura como el opening number suelen determinar el tono del show. Por ejemplo, 'Oh What a Beautiful Morning' de

OKLAHOMA!, o el opening de CHICAGO. Te da perfectamente el tono que va a tener el musical—más lírico, más pop, más rock, más serio, más cómico...

b) Canciones: Deben fluir entre los diálogos y en algunos casos son escenas musicales en las que dentro de la misma canción hay diálogo, sin corte. Es fundamental que las canciones ayuden a que la historia avance, integradas dentro de la dramaturgia. Si quitas una canción o varias, o todas de una partitura y la obra sigue como si nada, esas piezas no están aportando nada a la dramaturgia, y no es un buen ejemplo de Teatro Musical.

c) Los números de baile: Como elemento integrado en la dramaturgia, también deben servir para contar la historia, y en musicales como WEST SIDE STORY u OKLAHOMA! no es solamente un momento de lucimiento para los bailarines, sino que estos bailarines están transmitiendo algo fundamental para el argumento del show.

d) Música incidental (o underscore): Es la parte de la partitura que es interpretada en algunos fragmentos de diálogo, de texto sin canciones, para apoyar el tono de la escena.

e) Entreacto: Como la obertura, se tocaba para avisar al público que volviera a la butaca después del descanso, para disfrutar del segundo acto. También incluye fragmentos instrumentales de las canciones más importantes que se han escuchado ya o de algunas que se escucharán en el segundo acto.

f) El final y la música de saludos finales (o curtain call), junto a la música de salida, cuando el público abandona la sala.

Desde el punto de vista de un director, y en este caso fue el gran Bob Fosse el que la hizo, hay dos tipos de canciones, dependiendo de cómo funcionan para informar de cómo es el personaje que las canta:

a) I Am Songs: Canciones presentacionales. En WEST SIDE STORY, la canción de los Jets. Y en RAGTIME el Opening sirve como I Am Song, porque literalmente te presenta a todo el mundo que va a salir en el musical, con todos los personajes rompiendo la cuarta pared y presentándose al público.

b) I Want Song: A diferencia de las 'I Am' que te dicen el estado actual, en estas el personaje cuenta que va a hacer algo, explica sus deseos, lo que lleva a hacer al personaje lo que va a hacer. En PIPPIN, que dirigió Bob Fosse en Broadway, lo podemos ver en 'Corner Of The Sky'.

Como parte de la jerga típica de Broadway, hay un tipo de canción por su situación dentro del show que es el Eleven O'clock number. Se trata de números musicales espectaculares, casi siempre interpretados por los protagonistas, en los que se

6

dan cuenta de algo importante dentro de su historia y ocurre siempre en el clímax del show. Aunque el nombre pueda resultar un poco extraño, el origen no lo es. Antes en Broadway los musicales empezaban a las 8.30 (ahora empiezan más pronto habitualmente) y el número importante solía salir a las 11. Algunos ejemplos son 'Rose's Turn' de GYPSY, 'Memory' de CATS, 'Cabaret' de CABARET, 'No Good Deed' de WICKED, o 'The Winner Takes It All' de MAMMA MIA!.

3. LETRAS

En muchos casos la letra y la música están escritos por autores diferentes como Rodgers y Hammerstein, los autores de SOUTH PACIFIC y THE SOUND OF MUSIC, donde Richard Rodgers era el compositor de la música y Oscar Hammerstein II el dramaturgo y letrista; en el caso de los autores de RAGTIME o ANASTASIA, Stephen Flaherty y Lynn Ahrens, el primero hace la música y la segunda hace las letras.

Pero hubo un letrista por antonomasia, que también fue compositor, el autor más importante del Teatro Musical Americano contemporáneo, Stephen Sondheim. Consiguió 8 Premios Tony y compuso un total de 19 grandes musicales. Desde que apareció en la escena teatral, fue una revelación por la manera inteligente de rimar, por los juegos de palabras, y porque cambió las reglas del juego sobre lo que se había hecho hasta entonces en el género.

LOS ORÍGENES

Para ver de dónde vienen los musicales americanos, vamos a saltar el charco y a viajar en el tiempo muchos siglos atrás. Hasta Grecia, en el siglo VI a.C. Las tragedias clásicas y las comedias griegas ya eran musicales. Aunque muchos historiadores se nieguen a admitirlo, la historia del teatro comenzó con una expresión musical en los teatros griegos, donde se alternaba texto y música, y después de ellos, los romanos, que tomaron muchas ideas "prestadas" del teatro griego. Como curiosidad, hay una obra de Sondheim que toma prestados muchos personajes de uno de sus autores más famosos, Plauto, A FUNNY THING HAPPENED ON THE WAY TO THE FORUM.

En el siglo XVI, a finales del Renacimiento, los italianos descubrieron que en el teatro griego se usaban grandes coros, asumiendo que en esas obras antiguas era todo cantado, y de ahí nació la base con la que Monteverdi y la Camerata Fiorentina construyeron lo que hoy conocemos como opera, una forma de entretenimiento para la clase alta, con gran nivel de sofisticación.

En este punto es importante conocer cuáles son las diferencias principales que separan el musical de la ópera. A lo largo de estos capítulos, verás que los límites entre categorías se saltan y rompen con mucha frecuencia. Hay espacios grises entre ambos géneros: Los dos combinan las palabras y la música de manera dinámica, feliz y de una manera artística, pero en la ópera la música va primero, es la fuerza que la impulsa; y en el teatro musical, como comenté en la definición, las palabras van primero. IT'S ALL ABOUT THE BOOK. Por ello, las principales diferencias a nivel estilístico:

a) Las óperas casi siempre se representan en el idioma original que se escribieron mientras que los musicales se interpretan en el idioma del país donde se representa.

b) Por ello, con el avance de la tecnología se han creado los sobretítulos que siempre acompañan las representaciones operísticas. Cuando estás escuchando TURANDOT u TOSCA puedes hacerte una idea de que va la escena pero puedes pasar sin entender absolutamente todas las palabras. En un musical de Stephen Sondheim puede haber palabras que sean clave en el desarrollo de la historia y tienes que entenderlas todas.

c) Otro avance tecnológico que ha ayudado a los musicales es la microfonía. En ópera no hay micrófonos para cada cantante. Los cantantes líricos no van amplificados, es una de las normas de la lírica, y en musicales si, para que se entienda todo lo que se dice.

d) También se subraya que en opera casi siempre es todo cantado, excepto algunas casos en que se incluyen recitativos, y en musicales casi siempre hay diálogos integrados con canciones, con excepciones en los que siempre se canta como en LOS MISERABLES.

A principios del Siglo XVIII en Inglaterra, en plena Ilustración, surge otra de las formas teatrales en la evolución hacia el Teatro Musical de nuestros días: La ópera balada, una mezcla de canciones populares con arias operísticas. Su primer ejemplo, THE BEGGAR'S OPERA, de John Gay, era una crítica social en la que el autor denunciaba la gran corrupción que existía a todos los niveles del gobierno de la ciudad. De esta manera, Gay acercó un poco al pueblo llano lo que escuchaba la clase alta, popularizando este tipo de teatro.

Un siglo después en Paris, otro nombre muy influyente en el musical fue el de Jacques Offenbach, cuyo objetivo fue crear una forma de entretenimiento tan grande como la ópera, pero más divertido, sin perder el alto nivel de sofisticación: La opereta. El equivalente inglés llegaría con Gilbert y Sullivan que a finales del XIX escribieron títulos tan importantes como EL MIKADO o LOS PIRATAS DE PENZANCE, operetas muy divertidas que incluso hoy en día se siguen representando. Estas se hicieron tan populares que viajaron internacionalmente, llegaron a Broadway, pero no existía el copyright ni las leyes que protegiesen la propiedad intelectual así que sus obras se estrenaban por todo el mundo sin que sus autores viesen ni un céntimo.

Mientras en Nueva York, que hasta 1776 fue una colonia con población principalmente holandesa, se representaban obras importadas de Europa como THE BEGGAR'S OPERA. Sin embargo, ya existía una calle principal llamada Broadway y ésta se erigía como la espina dorsal de la ciudad, siendo todo negocio o teatro más exitoso cuanto más próximo estuviese a esta calle. Pronto la ciudad se dividiría entre la clase alta, al norte de la Ciudad (Uptown), y la clase obrera, en The Bowery, al sur de la ciudad.

Cartel: *The Gilbert and Sullivan Opera Company in Pirates of Penzance en el Federal Theatre, NYC, 1930.*

En el siglo XIX, el distrito teatral neoyorquino se situaba más abajo en la isla de Manhattan, en el tramo entre Unión Square en la 37 hasta la 42. Desde esa calle hacia el norte se ubicaba la zona más peligrosa de la ciudad, donde solo había prostitución y delincuencia, el barrio conocido como The Tenderloin (el filete de lomo).

En esa época había dos tipos de shows en cartel, propiamente americanos:

- Minstrel shows: Originalmente creados por Thomas Rice, un actor blanco que en 1828 se hizo popular por actuar con la cara pintada de negro y la ropa como un mendigo, un personaje al que denominó Jim Crow. Era un show con un tipo de humor muy amable para todos los públicos. Desaparecieron a comienzos del siglo XX por sus connotaciones claramente racistas, aunque influyó en artistas como Al Jolson.
- Variety shows: Se representaban en los salones y bares de las ciudades y pueblos. Con cómicos, acróbatas, juglares, algún que otro cantante, y ya que el público era principalmente masculino y ebrio, había muchas chicas ligeras de ropa. Las canciones cómicas tenían siempre dobles sentidos y mucho humor picante, que les encantaba. Y siempre se iba cambiando el contenido según se conseguía el favor del público o no.

Justo a mediados del Siglo XIX, en 1866, llegó a Nueva York un show que se convertiría en el más popular de la época: THE BLACK CROOK, un melodrama de un dramaturgo llamado Charles Barras, producido por William Wheatley, dueño del Niblo's Garden, que era un gran teatro con todos los avances en tecnología escénica. Wheatley buscaba que las clases más altas acudieran a su teatro. Buscaba lo más sensacional pero no lo vulgar. Quería un show que se pudiera beneficiar de la técnica de su teatro, con mucha espectacularidad, muchos cambios de escenario, magia y una historia romántica.

La obra se encontraba en fase de producción cuando llegaron dos promotores a las puertas de Wheatley. Ambos habían organizado todo para que un gran ballet de Paris actuase en un teatro de Nueva York pero éste se había quemado, ya que en aquella época los teatros eran de madera, y ahora tenían un montón de sets, vestuarios, bailarinas pero no dónde actuar.

No se sabe muy bien de quién fue la idea, pero THE BLACK CROOK se acabó fusionando con este ballet francés, y así nació el primer gran show de Broadway. Un espectáculo que costó alrededor de unos 25.000 dólares en vestuario, sets, y

efectos especiales extra, que era mucho más de lo que había costado una producción de Broadway de la época.

Para agilizar el espectáculo, a Wheatley se le ocurrió incluir un puñado de canciones de varios compositores, que poco o nada tenían que ver con el argumento, pero por aquella época cualquier cosa que hiciera más divertida la experiencia teatral era un plus. Es decir, no era un musical de Broadway como lo entendemos ahora, pero si un gran espectáculo. Visualmente, apabullante. Físicamente, algo difícil de llevar ya que duraba 5 horas y media la noche de su estreno, el 12 de septiembre de 1866.

Aquello era una sucesión de escenarios imposibles: De una casa en el campo al laboratorio del mago, de un castillo de madera a la mazmorra. Pero nada causó tanto efecto como las cien bailarinas del elenco, muy ligeras de ropa, algo que para el público de la época suponía toda una sensación. Por entonces la moda femenina ocultaba casi todo su cuerpo, menos la cara y las manos, y en THE BLACK CROOK las bailarinas solo llevaban bodies y medias.

Con este escándalo llegó la censura por parte de los sacerdotes y de algunos periodistas, pero esto no hizo más que aumentar el éxito y la polémica que vendía tickets a una velocidad pasmosa. THE BLACK CROOK se convirtió en la primera producción teatral en la historia mundial que estuvo en cartel más de un año. Además, THE BLACK CROOK consiguió ir un paso más allá—fue el primer gran espectáculo de Broadway en salir de gira con casi todo su esplendor, gracias al sistema de trenes que se habían instalado en la Guerra Civil. El Teatro Musical Americano se veía como una industria de potencial económico sin límites, y THE BLACK CROOK estuvo girando con gran beneficio durante 30 años. A partir de entonces, espectáculos similares se vieron en Broadway y se conocieron como "Extravaganzas".

Con el boom de la Revolución Industrial en Nueva York, la gente empezó a ganar dinero y las mujeres eran una parte considerable de los trabajadores. Después de estar trabajando todo el día en las fábricas, querían ocio y la industria del entretenimiento estaba encantada de tener un nuevo público. Así es como nació el Vodevil en 1881 en Union Square, Nueva York, con similitudes con el Variety Show de los salones, pero no tan vulgar, no era para el público que iba con la cerveza en mano, sino más limpio, para todos los públicos, incluido el familiar. El nombre se lo pusieron los promotores Keith y Albee, a partir del francés "Vau De Ville" o Voz del Pueblo.

Estos empresarios generaron un circuito de teatros por todo Estados Unidos con este tipo de shows a tres niveles: Pequeño, mediano o grande según lo que ganaban los intérpretes. Entre 15-75 dólares semanales que ganaban los principiantes a miles de dólares semanales que ganaban las estrellas. Gracias a este circuito, la gente de los pueblos (no solo en las grandes ciudades) podían ver estrellas de renombre cuya popularidad se extendía por toda la nación.

Aunque la duración y el formato podía variar, solían tener 8 actos, que se anunciaban en un billboard o cartel que se cambiaba cada lunes y tenía de todo: Acrobacias, dúos o tríos de hermanos o hermanas, el monólogo del actor o actriz famoso conocido como "headline" o titular, y todos los números pasaban de manera ágil para captar al público continuamente, sin perder en ningún momento el ritmo.

Esto tuvo una influencia clara en los orígenes del musical de Broadway por el conocimiento que daba de lo que quería el público. Para los actores y actrices de vodevil esto era la escuela, ellos aprendían sobre las tablas cómo hacer reír o llorar al público. Así el Teatro Musical Americano se hizo a medida del gusto del trabajador, del espectador llano, es decir, del público general.

Precisamente esto fue el fundamento de la agrupación de compositores y productores musicales que fue el Tin Pan Alley. En 1890 todavía no existían las radios, y para que la gente pudiera tocar música en su casa, ya que en toda casa había un piano alrededor del cual las familias se sentaban a cantar canciones populares, surgieron las empresas que publicaban las partituras.

La creación de esta agrupación consiguió el control de los derechos de autor de las melodías que, hasta entonces, como hemos visto, era algo de lo que no había registro ni gestión alguna. Muchos de los autores que llevaron su trabajo no solo a Broadway, sino por todo el continente europeo y americano, desde Offenbach a Gilbert y Sullivan, generaron millones de dólares con las producciones en las que se reproducían sus creaciones y no recibieron ni un céntimo por ellas. Gracias primero a la creación del Tin Pan Alley y de ASCAP (American Society of Composers, Authors and Publishers, un equivalente a la SGAE en España), la propiedad intelectual se gestionaba de una manera más controlada. Fue fundada en 1914, regulaban la entrada de miembros solamente si estaban avalados por los ya existentes y gestionaban los royalties.

Los intérpretes de vodevil que actuaban en la ciudad de Nueva York acudían a las empresas del Tin Pan Alley para encontrar nuevas canciones que incorporar a sus

actuaciones. Mientras que los artistas de segunda y tercera clase solían tener que pagar por los derechos de uso de una nueva canción, los intérpretes más famosos obtenían copias gratuitas de la misma llegando incluso a recibir dinero por interpretarlas. Había shows que servían como vehículo para popularizar nuevas canciones, y había también canciones exitosas que daban popularidad a los nuevos shows, con lo cual ambas industrias se fortalecían mutuamente.

Todo esto tenía un gran potencial como negocio, como es lógico pero necesitaba evolucionar a una estructura más organizada, pasando de un modo de gestión "artesanal" a una industria. Aunque ahora Broadway se vea como una gran línea corporativa de empresas, antes no lo era tanto. Los teatros se llenaban de compañías que, o bien residían en Nueva York o lo más común, venían de fuera, ya que, como explicaba antes, el vodevil tenía cada lunes un nuevo billboard con las estrellas en cartel rotando. Este sistema era un caos, hasta que aparecieron Erlanger y Klaw que vieron un nicho centralizando la programación de los teatros y llevándose un porcentaje si ellos eran los que contrataban a las compañías. En 1896 se reunieron con los dueños de los teatros y crearon el Sindicato Teatral que controlaba la programación de más de 700 teatros en todo Norte América. Ambos, bastante implacables en lo que a negociaciones se refiere, construyeron algunos de los mejores teatros de Broadway como el St. James (donde se han representado musicales tan famosos como THE PRODUCERS o más recientemente FROZEN), que aún pervive.

Todos los miembros del Sindicato sugirieron que debía de recuperarse la zona al norte de la 42, lo que antes mencionábamos como "The Tenderloin", que era una zona muy peligrosa. Este área, que por aquel entonces se llamaba Longacre Square, debía destinarse al entretenimiento y debería hacerse "amable" para todos los públicos. No fue hasta que el New York Times instaló su torre en plena Plaza Longacre que se empezó a llamar Times Square, en 1904, como deferencia del ayuntamiento de Nueva York al poder que tenían ya por entonces este gran periódico. Una de la razones por las cuales esto se hacía más necesario fue que en ese año se inauguraba el primer metro, dando así la bienvenida a un gran número de nuevos espectadores que llegaban a la ciudad.

Con el inicio del siglo XX y el boom del vodevil en Norte América, surgieron grandes nombres de la industria como George M. Cohan. Este genio nació en una familia de artistas de vodevil. Tuvo gran éxito con sus composiciones y entró como autor en el Tin Pan Alley, escribiendo para otros intérpretes. Se dice que tenía una energía espectacular sobre el escenario, y su estilo de baile lo emularon después

Fred Astaire, Gene Kelly, Sammy Davis Jr. o Bob Fosse, porque cambió la manera en que se veía a los bailarines, con más masculinidad, con honestidad y emoción. Sus musicales eran muy buenos cuando los interpretaba él y le añadía grandes canciones que por fin se integraban en el argumento. Ningún musical de su repertorio ha logrado un éxito que perdure, pero es el único actor de Broadway que tiene su estatua en Nueva York. Él es quien luce delante de las escaleras de Times Square, frente al actual puesto de TKTS. Una de sus composiciones más míticas fue 'Give My Regards To Broadway'.

Otro gran nombre que impulsó el negocio del entretenimiento en Broadway fue el productor Florenz Ziegfeld, creador de los Follies de Ziegfeld. Nació en Chicago, de familia judía. Su idea, como en THE BLACK CROOK, era mostrar la belleza femenina pero no de manera vulgar, sino más elevada. Dicen de sus espectáculos que eran como pinturas del Renacimiento, donde glorificaba a la "American Girl". La idea le llegó a través de su por aquel entonces mujer, Anna Held, una estrella del music hall francés que le sugirió que debería hacer algo como los "Folies Bergère" parisinos. Ziegfeld quería que el show tuviese comedia, que fuese apto para todos los públicos, pero sobre todo que tuviese mucho glamour en cada elemento de la producción. A las chicas las vestía con ropa de alta costura y así captaba la atención tanto del público masculino como del femenino. El diseñador que implantó su sello a todas las ediciones de los Follies fue Joseph Urban, creando las hileras de chicas que bajaban por las escaleras, con sus collares, sus tocados, todo lo que ahora se asocia a estos shows.

Desde 1910 fue contratando a grandes estrellas que fueron catapultados a la fama bajo su amparo como Fanny Brice o Eddie Cantor. Durante 24 años, edición tras edición, fue unificando lo que se conoció como revista (revue), una mezcla entre vodevil, shows de minstrel y canciones de Tin Pan Alley, pero sobre todo con una característica que impregnaría el musical de Broadway—grandes escenografías. Quería que el público tuviese la sensación de que sobre el escenario veía todo lo que el dinero podía comprar.

En 1913 Ziegfeld se mudó al New Amsterdam Theatre, donde muchos años más tarde se estrenó THE LION KING. Esta joya del Art Nouveau de 1700 butacas era perfecta para convertirse en el nuevo hogar de los Follies de Ziegfeld, que ya se habían puesto tan de moda, convirtiéndose en el "must" de la sociedad neoyorquina. La gente acudía a verlo vestida de gala y todo el que se consideraba alguien en la ciudad tenía que ir a los Follies.

Uno de los compositores más importantes de la época, que escribió muchas canciones para Ziegfeld, fue Irving Berlin, socio del Tin Pan Alley. La primera canción que compuso fue 'Alexander's Ragtime Band', en el que homenajeaba a este género que empezaba a marcar el ritmo del mundo, y fue la partitura que más rápido se vendió en la historia de USA hasta esa fecha, a partir de que en 1911 una carismática vocalista de vodevil presentó la canción en Chicago. Importante mencionar que es el autor de la canción 'White Christmas', y que por ella fue y es uno de los autores más ricos de la historia.

The Great Ziegfeld. Lobby Card de MGM, 1936.

Un hecho violento ocurrió en esta época que cambió radicalmente la historia. El 28 de junio de 1914 un terrorista serbio asesinó al Archiduque Francisco Fernando y estalló la Primera Guerra Mundial. A nivel internacional esto cambió el curso de las exportaciones culturales, con lo que se estrecharon lazos entre Reino Unido y Estados Unidos y perdió fuelle la moda de las operetas alemanas y vienesas en Broadway. Llegó un giro en la historia del Teatro Musical Americano.

Otra guerra mientras tanto se libraba en Nueva York y era la de los actores contra los productores que les explotaban. Hasta 1913, no se pagaban ensayos, los actores se tenían que pagar sus vestuarios, y a veces si se cancelaba una gira se quedaban abandonados sin tener sus costes cubiertos. Además, si en el estreno recibían grandes críticas, al día siguiente los productores les amenazaban con reemplazarles sino aceptaban recortes en su salario. Así nace la Actors' Equity Association, el Sindicato de Actores de Broadway que reclamaba un salario decente, y el fin de esas condiciones leoninas. Ante la negativa de los productores a firmar este contrato, el 7 de agosto de 1919 los elencos de 12 espectáculos se declararon en huelga, en septiembre se les unieron los músicos y tramoyistas, y el parón alcanzó incluso niveles nacionales. Con las pérdidas millonarias que esta huelga estaba suponiendo, los productores reconocieron el contrato el 6 de septiembre de 1919. Mientras esto ocurría los productores se unieron en la PMA, la Producer's Managing Association.

También en esta época destacó otro nombre importante, Al Jolson, que jugó un papel definitivo como estrella de las revistas de Broadway en los años 20, pero sobre todo por ser el protagonista de la primera película sonora, THE JAZZ SINGER. El primer "talkie" que supondría una revolución en el entretenimiento. Jolson era judío, de origen ruso como Stravinsky o Billy Wilder, y fue uno de tantos que acabaría jugando un papel fundamental en el show business. Desde el principio fue popular protagonizando Minstrel Shows, pintándose la cara de negro. Decían de él que tenía tanta energía que con su voz era capaz de llenar grandes auditorios.

Nadie bordaba las canciones como él, introduciendo algunas frases, cambiando melodías, era un genio de la improvisación, lo cual acababa centrando toda la atención en él. De hecho, le gustaba ser tanto el centro de atención que incluso en algunos shows donde no actuaba subía al escenario, paraba el show, y decía "Bueno, ya sabéis cómo termina la historia, ¿no? El caballo gana la carrera, el chico se queda con la chica, y a casa. Y ahora ¿queréis escuchar cantar a Jolson?", echando al elenco de escena y cantando para el público.

En 1926, la Warner Bros le propuso protagonizar la película basada en la obra de texto THE JAZZ SINGER, con la que experimentarían con un mecanismo llamado Vitaphone que grababa el sonido para sincronizarlo en directo con la película. Al principio solo se proyectó en siete cines equipados para poderlo ver, y la inversión de 422.000 dólares que costó la película, alcanzó una taquilla de 2,5 millones solo en esas 7 salas. Pero el público lo quería en todas partes y eso hizo que los dueños

de los cines tuvieran que incluir equipos en todas las salas de Norte América. Como película era mediocre, pero hizo que el cine sonoro fuera la única vía para el futuro de este arte, y Jolson se convirtió en su primera estrella. Se le llegó a conocer como The World's Greatest Entertainer (el artista más grande del mundo).

En la época de entreguerras, a punto de estallar el crack del 29, se instauró la ley seca en Estados Unidos, y Florenz Ziegfeld tuvo escándalos muy importantes con dos de sus coristas en aparentes suicidios. A esta época se le llamó "Los Locos Años 20" porque todo se llevó al extremo y en medio de esta locura comenzó a sonar un nuevo género musical que ayudó a que los artistas canalizaran tanto la rabia como la alegría y el desenfreno de las wild parties de aquella época: El jazz, es decir, una combinación del ragtime, del blues y sobre todo, de la improvisación que nació en Nueva Orleans y sonaba a todo trapo en los speakeasies donde se tomaba el alcohol prohibido. Era la Era del jazz, como dijo el autor F Scott Fitzgerald, el padre de El Gran Gatsby.

Aunque algunos compositores se empeñaban en mantener estilos como la opereta o el vodevil, Broadway siempre intentó y sigue intentando ser fuente de canciones populares, así que tenía que ponerse al ritmo, y nunca mejor dicho, del gusto popular.

Dos de los autores que más jazz aportaron a Broadway fueron los Gershwin, Ira y George. Fueron el primer dúo fraternal de compositores americanos. George comenzó en el Tin Pan Alley como song plugger, los pianistas que probaban canciones nuevas de otros compositores con los artistas de vodevil para convertirlas en éxitos. Alguna vez llegó a probar canciones para Fred Astaire, que con tan solo 17 años hacía dúo con su hermana Adele. Fred y George soñaban con que algún día llegarían a triunfar en un musical juntos, como compositor y estrella, en Broadway.

El primer trabajo en común de los Gershwin fue LADY, BE GOOD en 1924, que sirvió como trampolín para Fred y Adele Astaire en Broadway. A este show pertenece una de las canciones más famosas de los Gershwin, 'Fascinating Rhythm'. Dos años más tarde, escribieron un musical para Gertrude Lawrence, OH KAY!, donde la actriz británica estrenó la famosa balada 'Someone To Watch Over Me'. Julie Andrews encarnaría en 1968 a Lawrence en un biopic llamado STAR!, cantando, entre otros, este tema.

Fred Astaire en You'll Never Get Rich, 1941.

En 1930 llegó su primer gran éxito, GIRL CRAZY, un musical que con el tiempo se ha repuesto con el nombre de CRAZY FOR YOU, y que, por supuesto, ha tenido su versión cinematográfica, con un argumento algo diferente. El musical trata sobre un playboy adinerado de Manhattan que acaba en Arizona en un poblado de

cowboys. Ahí solo hay dos chicas: La soltera pero dura administradora de correos Molly (interpretada por Ginger Rogers) y la cantante del salón Kate. El papel de Kate no estaba asignado, y el productor del show presentó a los autores a una debutante Ethel Merman como opción. La joven actriz era taquígrafa de profesión y jamás había actuado en un escenario profesional.

Ethel Merman, 1953.

Cuando se presentó ante George Gershwin, éste probó tres canciones del show con Merman y quedó alucinado. Ella, muy humilde, recordaba en sus memorias que "estaba asustada, era el Gran George Gershwin, y cuando terminó de tocar las canciones se giró a mí y me dijo 'Miss Merman, si hay cualquier cosa de las canciones que no le guste, estaré encantado de cambiarlo.'" Los ensayos progresaron, y el papel de Ethel Merman fue ganando protagonismo. Los hermanos le daban letras nuevas que ella escribía con su técnica como taquígrafa, algo natural para ella y que los Gershwin encontraban tronchante.

Llegó el día del estreno y Ginger Rogers presentó al gran público canciones que están ya dentro del cancionero americano, estándares de jazz como 'Embraceable you' o 'Not For Me', que hicieron las delicias del respetable. Pero Ethel Merman se metió al público en el bolsillo convirtiéndose en una estrella de Broadway cuando cantó 'I Got Rhythm'. Después de la primera estrofa, Merman se marcaba un do de pecho que aguantaba durante 16 compases, con la orquesta tocando la melodía, casi 10 segundos. Merman había encontrado una de sus canciones emblemáticas y la cantaría durante 40 años más. Como decía Irving Berlin, "si escribes letras para Ethel Merman, que sean buenas, porque las va a escuchar todo el mundo." Cuando terminó el estreno de GIRL CRAZY, Gershwin fue corriendo al camerino de la actriz para felicitarle y le dijo: "Ethel, ¿tú sabes lo que has hecho?". Ella dijo "No" y él le respondió "Bueno, no te acerques nunca a un profesor de canto para que te diga cómo tienes que cantar."

La carrera de los Gershwin siguió imparable y en 1931, justo después del crack del 29, el público necesitaba una sátira política. Así nació OF THEE I SING. El argumento trató de ser lo más abstracto posible para no incomodar a ningún partido político, pero con todo lo neutral que era servía para cualquier político—criticaba su incompetencia, la manera aleatoria de la elección del cargo y la mediocridad, en general, de todos ellos. La partitura de George Gershwin era una mezcla de jazz y Broadway unido a las escenas cómicas escritas por su hermano, como las operetas europeas. OF THEE I SING fue el primer musical de Broadway en tener su libreto y letras publicados, el primer musical de los años 30 en superar las 400 funciones y el primer musical americano en ganar el Premio Pulitzer, aunque en el premio solo mencionaban al letrista y al libretista, dejando a Gershwin fuera. El comité no honró al compositor hasta 1998.

Desde los años 20, George Gershwin estuvo fantaseando con la idea de escribir una ópera, y mezclar en un show el jazz, el musical de Broadway y la música clásica. Después de considerar varios temas, eligió la novela 'Porgy', de DuBose

Heyward, que retrataba la vida de los negros pobres en un pueblo de pescadores en Charleston, Carolina del Sur. La historia de un mendigo lisiado y Bess, su novia moralmente inestable, tenía los mimbres de una ópera, pero aunque el autor se sentía halagado, él y su mujer tenían otros planes para su obra. Ella había adaptado la novela a versión de texto que se estrenaría en 1928, producida por el prestigioso Theatre Guild y dirigida por el ruso Rouben Mamoulian. Gershwin quedó en que esperaría, que él tenía otros planes (especialmente en cine), y la obra de texto fue un gran éxito.

Al final Heyward dio el sí a los Gershwin y el Theatre Guild produjo también la versión musical, PORGY AND BESS. Gershwin incluso escribió todas las orquestaciones él mismo y Mamoulian dirigió también la versión operística. La búsqueda de un elenco de afroamericanos no fue fácil en una era en la que todos los cantantes de ópera afroamericanos solo estaban en recitales. Por suerte, encontró a Todd Duncan que fue Porgy y Anne Brown que fue Bess. Primero se presentó en septiembre de 1935 en Boston, y allá fueron los más de 50 cantantes que formaban parte de esta ópera-musical. El público lo amó, aunque duraba más de 3 horas.

Ahora quedaba el siguiente reto: ¿Cómo se lo tomarían en Broadway cuando lo estrenasen en el Alvin Theatre? El Theatre Guild estaba preocupado ante las ambiciones de este trabajo. ¿Cómo se hace una ópera de Broadway? Gershwin lo tenía muy claro. Él lo explicaba como una ópera folclórica, que es hacia donde el Teatro Musical Americano había estado dirigiéndose durante bastante tiempo. No era música folk tal cual, era una mezcla de estilos, con sus canciones espirituales, sus canciones folk, y en una sola pieza, escrita por George Gershwin. El adaptó su método para utilizar el drama, el humor, la superstición, el fervor religioso, el baile y la energía que sale de la raza. Para hacerlo, combinó la ópera con el teatro de manera natural. Una ópera que comienza con un tema muy popular, cantado por una mujer solitaria que acuna a un bebé en la nana, 'Summertime'.

El problema es que la crítica no supo si meterlo en la categoría de teatro o de ópera. Ningún grupo quedó conforme al verlo. Si acababan de escribir GIRL CRAZY y OF THEE I SING, ¿por qué haría ahora algo tan solemne? Incluso los periodistas afroamericanos vieron mal que unos hombres blancos escribieran una historia sobre negros mendigo, criminales y drogadictos. La temporada fue bien, pero no se recuperó la inversión. En cualquier caso, fue y es una obra maestra difícil de encasillar, y ante todo, una gran muestra de entretenimiento.

Descorazonados por la fría acogida de PORGY AND BESS, los Gershwin hicieron las maletas hacia Hollywood. Mientras que escribían partituras para la RKO, a George le empezaron unos síntomas muy extraños, dolores de cabeza y visión borrosa en febrero de 1937. En julio entró en coma, y el 11 de julio falleció por un tumor cerebral a los 38 años.

Las canciones de Gershwin han pasado a formar parte del cancionero americano y precisamente por su popularidad, la MGM adquirió su catálogo a través de Ira, para convertirlo en AN AMERICAN IN PARIS, una película musical de 1951 inspirada en la composición orquestal de 1928 del mismo nombre que dirigió en cine Vincente Minnelli con guión de Alan Jay Lerner. La estrella del musical fue Gene Kelly que coreografió los números y protagonizó la película, especialmente un final de 17 minutos solamente con música y baile, sin diálogo ni letras, junto a la gran Leslie Caron. Tuvo un enorme éxito y ganó el Oscar a Mejor Película, con otros 5 premios de la Academia. En 2015 la versión teatral se estrenó en Broadway y se puede encontrar en BROADWAY HD.

Y de Paris nos vamos al Mississippi, el tema central del primer musical integrado. SHOW BOAT fue una idea que le propuso Jerome Kern, compositor del Tin Pan Alley como Gershwin y neoyorquino de nacimiento, al compositor Oscar Hammerstein II, basado en una novela de Edna Ferber. Al principio la autora fue reticente a dar su consentimiento para hacerlo musical, pero al final aceptó. Su duda se debía al concepto que se tenía de comedia musical, algo muy ligero y bobo, que poca o ninguna atención prestaba al libreto y esta era una historia realista, que daría paso a un musical que pondría sobre el escenario un problema tan polémico como las relaciones birraciales.

El productor fue Florenz Ziegfeld, que era el único capaz de hacer frente a ese gran gasto. El instinto de Ziegfeld acertó, y de todos los Follies que hizo ninguno tuvo tanta vida como SHOW BOAT, que se ha repuesto generación tras generación (incluso él lo volvió a poner en cartel en 1932), ha llegado a la gran pantalla, como en dos ocasiones en blanco y negro y otra en color con Ava Gardner con el nombre de MAGNOLIA, y cada cierto tiempo vuelve a Broadway y Londres, siendo cada uno diferente al anterior.

SHOW BOAT es una novela épica sobre un barco donde se hacían espectáculos llamado Cotton Blossom, que atravesaba el Mississippi, capitaneado por Andy Hawks, junto a su hija Magnolia. Hay múltiples historias dentro del barco, y el nexo en común es el navío y el rio que navegan.

Show Boat en Drury Lane, Londres, 1928.

En el show, estrenado en Broadway en 1927, se mezclan muchos géneros: Canciones folk afroamericanas, Espirituales ('Ol' Man River'), Opereta, Comedia Musical y Canciones populares del Tin Pan Alley. Cada estilo de canción le daba un sabor a esa parte del show. Cuando necesitaba un estilo más relacionado con lo que se cantaba sobre el escenario del barco se cantaba opereta, incluso para darle voz a los actores que lo interpretaban. Al estibador se le dio la solemnidad de 'Ol' Man River'. Se le estaba dando voz a cada personaje, acorde con su realidad. Se estaba haciendo que el libreto fluyera con las canciones en consonancia.

Concretamente 'Ol' Man River' fue una de las últimas canciones en escribirse, y hablaba del personaje más importante del musical que no salía ni en el propio show. Oscar Hammerstein II explicó el motivo de la canción años más tarde en una entrevista: "Cuando me leí esa amalgama de historias que es la novela de Ferber, necesitaba un motivo que lo uniese todo, algo que le diese cohesión. Y la influencia única en todas las historias era el río. Puse la canción en la voz de un personaje fuerte y el filósofo del musical que está en el muelle y en el Show Boat. Posiblemente lo hice como una protesta implícita."

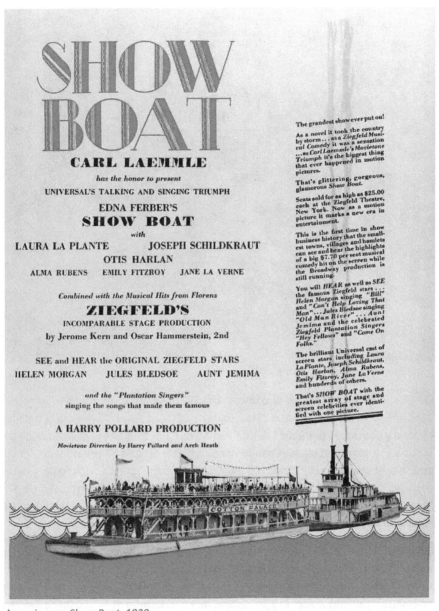

Anuncio para Show Boat, 1929.

La polémica siguió a este primer gran show de Hammerstein puesto que en la segunda frase de 'Ol' Man River' ya se decía "Niggers all work on the Mississippi."

Esta frase fue cambiándose a "darkies all work" o "here we all work", pero Oscar, un alma liberal, no buscaba ofender sino mandar un mensaje de que la gente estaba a punto de ver algo realista, y no una opereta fantasiosa. Cuando la autora Edna Ferber la escuchó lloró, se emocionó y le dijo a Oscar que sabía que esa canción era grande y que les sobreviviría a ella, a Oscar y a todos. De hecho, se ha versionado muchas veces, como expresión musical, emocional o política.

Sin embargo, este musical no tuvo un impacto tan inmediato como tendría OKLAHOMA! de Rodgers y Hammerstein, años más tarde ya que justo después de SHOW BOAT llegó a Nueva York el crash del 29. En octubre de ese año las pérdidas en la bolsa ascendieron a 30 billones de dólares, 10 veces lo que se estimaba que tenía la reserva federal. Al principio la gente se pensaba que era algo temporal, pero el dinero perdió literalmente su valor. Bancos insolventes, pobreza por todas partes hicieron que todo el mundo buscase una salida. La solución para la comunidad de Broadway fue migrar al oeste, a Hollywood, donde sí que había trabajo componiendo para el nuevo cine musical, del cual hablo en profundidad en el último capítulo del libro.

LA ÉPOCA DORADA DE BROADWAY

La gran depresión provocó que para 1932 se contasen ya más de 12 millones de desempleados en Norte América. Este fue el final de muchos empresarios como Florenz Ziegfeld, quien siguió intentando levantar shows apostando a lo grande, invirtiendo en sus FOLLIES hasta 250.000 dólares, y perdiéndolo todo. En un intento desesperado, montó la reposición de SHOW BOAT, en 1932, usando dinero de la mafia y terminó teniendo que salir de sus oficinas por la puerta de atrás perseguido por la policía y por la mafia. De la misma manera que esta leyenda de la revista y el vodevil habían desaparecido, los grandes circuitos de teatros se transformaron en circuitos de salas de cine.

Hubo algunos a quien no les afectó en absoluto esta crisis como por ejemplo Cole Porter, que venía de una familia muy adinerada. Había vivido siempre en la abundancia y tenía una tendencia a lo sórdido. Sus mayores éxitos en los años 30, con el país recuperándose de la crisis, fueron THE GAY DIVORCE, en 1932, que escribió para Fred Astaire, incluyendo el gran éxito 'Night and Day' que fue el que realmente catapultó a la fama a Astaire y que se incluyó también en la versión cinematográfica. Después de eso Fred no volvió a Broadway.

El otro gran éxito de Porter fue la comedia musical ANYTHING GOES, en 1934, que fue idea del productor Vinton Freeley, quien contó con la estrella del momento, Ethel Merman. La historia trata sobre un crucero en el que se encuentran una cantante de club nocturno, un empresario y un mafioso. Una comedia ligera con todos los elementos de un musical de Porter, una de sus mejores partituras. Entre sus hits, Merman presentó al gran público 'I Get A Kick Out Of You', el espiritual 'Blow Gabriel Blow', y como no, el nombre del musical, que tantas y tantas divas han repetido después como Patti LuPone, Elaine Paige, o Sutton Foster en el revival de 2011, con el que ganó el Tony a Mejor Actriz Principal.

Cuando Norte América salió de la Segunda Guerra Mundial, Broadway ya era un lugar asentado, cómodo y bien equipado, como reflejo de la cultura americana de la posguerra. Por primera vez, el musical de Broadway era además exportable, expandiendo sus límites más allá del Distrito Teatral. Algunos shows se hicieron tan populares que se hicieron giras con réplicas perfectas de las producciones de Broadway. Además, la nueva tecnología del televisor permitiría que millones de espectadores de TV y de teatro en todo el país viesen a sus estrellas de Broadway en cameos televisivos. Televisiones que llegaban a nuevas casas, las de las

urbanizaciones que se extendían más allá del núcleo urbano, y más de la mitad de la población estaba en esas nuevas áreas, lo cual hizo que toda la familia viese un avance de los musicales en la tele y que ver un musical de Broadway se convirtiese en una típica salida familiar.

Los productores y los propietarios de restaurantes veían así potenciales beneficios del público familiar, ajustando en consonancia los horarios de función y de cocina. Broadway se preparaba para un salto muy importante en la expansión de la industria. Sin embargo, todavía quedaba una cosa pendiente para que Broadway se pusiera a la altura de los grandes eventos de la industria del cine que había en Times Square, que eran las premieres de las películas en los 40 y los 50, a las que acudían las estrellas de Hollywood.

En esta época se empezaban a ver shows más maduros, y no simples comedias musicales que era lo que la gente estaba asociando hasta entonces con Broadway, un simple medio de escapismo. Por ejemplo, LADY IN THE DARK de Kurt Weill, con números míticos como 'The Saga of Jenny'. O también PAL JOEY, de Richard Rodgers y Lorenz Hart, en el que se habló por primera vez de sexo de una manera madura en un musical de Broadway. No como en los shows de vodevil y burlesque, de manera picante, y provocativa. Se hablaba de affairs y de alcohol, drogas y prostitutas. En la partitura destaca el hit 'Bewitched Bothered and Bewildered', y en el elenco tres nombres que años más tarde se convertirían en leyendas de la cultura americana: El actor que dio vida al antihéroe Joey, que no era nada más y nada menos que Gene Kelly, que interpretó el papel con tanto talento y tanta naturalidad que enseguida le ficharon para protagonizar películas de cine, y en el elenco dos actores que saltarían a la dirección y coreografía más tarde—Stanley Donen (director de SINGIN' IN THE RAIN) y Bob Fosse.

Fue precisamente el compositor de la música de PAL JOEY, Richard Rodgers, quien se unió a Oscar Hammerstein II para un encargo del Theatre Guild: Adaptar la obra de teatro GREEN GROW THE LILACS a musical. Al contrario de la tradición del Tin Pan Alley de escribir primero la música y luego la letra (lo que le daba más importancia a la primera), para este encargo Rodgers y Hammerstein optaron por el método de Gilbert y Sullivan, de manera que Oscar Hammerstein II trabajaba en las letras durante semanas y Richard Rodgers después trabajaba en la música, para apoyar mejor el valor de la palabra, y para así integrar mejor la canción en la historia. Además de eso, ellos mismos buscaron los inversores para el show, ya que el Theatre Guild pasaba por un momento económico duro, de manera que los dos compositores tuvieron un mayor control creativo sobre el show.

El proyecto al principio se llamó AWAY WE GO. Durante el proceso creativo, se dieron cuenta de que el baile debería ser un componente importante contando la historia y llamaron a Agnes DeMille, una coreógrafa de ballet, con poca experiencia en teatro, pero que pensaba que el ballet debería usarse como herramienta narrativa; y a Rouben Mamoulin (director de PORGY AND BESS), que le daría un toque innovador a la dirección. Al elegir el cast quisieron bailarines por un lado y cantantes por otro, y prefirieron mejores cantantes que actores, sin ningún nombre que sobresaliese.

Los "try-outs" (funciones para probar el show fuera de Nueva York de manera que la crítica de la Gran Manzana no se adelantase con sus reseñas) comenzaron en New Haven donde los críticos locales comentaron que un show sin chicas ni gags no tenía futuro. La obra se fue revisando de camino a Boston, donde uno de los cantantes del coro sugirió que uno de los números de baile, 'Oklahoma!', sería más efectivo como canción coral. Y así fue como nació, en el lobby del Boston Colonial Theatre, el tema que dio nuevo título al musical: OKLAHOMA!, un impulso que levantaría ovaciones cada noche en Boston y más tarde en el St. James Theatre de Broadway donde se estrenó en 1943 permaneciendo 2212 funciones en cartel, hasta 1948.

El musical se centra en la llegada a las nuevas tierras de Estados Unidos y la convivencia entre granjeros y vaqueros, narrando también una historia de amor, la de una granjera que debe elegir quién le llevará al baile—el vaquero Curly o el granjero Jud, pero se decide tras un sueño, el gran final del primer acto con el dream ballet de Agnes DeMille. Finalmente aceptará casarse con Curly, que se enfrenta a Jud en un duelo en el que éste acaba cayendo sobre su propio cuchillo.

El éxito fue rotundo, siendo el musical que más tiempo estuvo en cartel hasta la fecha, devolviendo a los inversores un 2500% y con compañías girando por el país durante los 50. Además en Londres se estrenó en 1947, donde se mantuvo 1548 funciones. Los críticos se equivocaban: América estaba deseando tener este tipo de musical, que hablase sobre el hogar y el amor juvenil, con canciones que hablasen a los corazones. 'Boys and girls like you and me', rezaba el cartel, "chicos y chicas como tú y yo," una de las melodías del musical que finalmente se cortó de camino a Broadway, y que terminó en CINDERELLA, pero que captaba perfectamente el mensaje de sus autores: Los personajes de la obra eran como el público que iba a ir a verlos.

Poster de la versión cinematográfica de Oklahoma!, 1956.

Antes de OKLAHOMA! los compositores y letristas eran autores de canciones, pero ahora eran dramaturgos, usando cada palabra y cada nota para desarrollar los personajes y haciendo que la historia avanzase. Con los anteriores autores, en las letras de las canciones escuchabas a quien lo había escrito, y con Hammerstein escuchas al personaje, que tiene tres dimensiones, y no son simples dibujos animados. A lo largo del show, cada palabra, cada número y cada paso de baile era una parte orgánica del proceso narrativo. En lugar de interrumpir el diálogo, las canciones y los bailes lo continuaban. Todo fluía de manera coherente. Las orquestaciones encajaban en la obra de la misma manera que lo hacía el vestuario. Es lo que se conoció como musical orgánico.

Antes de OKLAHOMA! un show servía para entretener al público, con eso bastaba, pero desde este título, los shows sirven para algo más, para contar una gran historia. OKLAHOMA! era más que un show integrado, como lo había sido SHOW BOAT, era un musical orgánico en el que cada elemento era una pieza fundamental del show. Las comedias musicales seguirían siéndolo, pero a partir de ésta ya no bastaban solo las risas y los gags, tenía que haber una coherencia dramática. Fue un "game-changer" en toda regla, un musical revolucionario que cambió las reglas del juego.

Además, con OKLAHOMA! llegaría otra innovación. Decca Records decidió que se debería preservar la experiencia de ese gran reparto grabándolo en un disco exactamente como sonaba en el teatro. Así nació el Original Broadway Cast Recording. Hasta la fecha los artistas que popularizaban las canciones habían grabado algunos de los hits, pero con músicos de estudio, que poco o nada tenía que ver con cómo sonaba en directo con toda la orquesta y el reparto. Fue un éxito inmediato en las listas de ventas. Así, millones de amantes del teatro que no podían acudir a verlo al menos escucharían los discos, tanto los grabados en Nueva York como los de Londres. La venta de partituras decayó y en su lugar la gente compraba los discos para escucharlos en casa.

Desde entonces, ha habido revivals a ambos lados del Atlántico, tanto en Broadway como en el West End, incluso uno muy famoso de 1998 dirigido por Trevor Nunn en el National Theatre de Londres, protagonizado por Hugh Jackman.

Después del éxito de OKLAHOMA!, el Theatre Guild propuso a la pareja una versión musical de LILIOM, la obra escrita por el húngaro Ferenc Molnár. Este fue el nacimiento de CAROUSEL, que se estrenó en 1945 y fue también una partitura plagada de éxitos, con un vals en el opening en el que se presentaban casi todos los personajes a través de una pantomima. En CAROUSEL la historia ya no era tan

blanca, y el argumento tenía un tema polémico, tan del gusto de Oscar Hammerstein II. La trabajadora Julie Jordan se enamora del barquero del carrusel Billy Bigelow, una atracción mutua que deben negar porque se trata de una relación peligrosa, que además se presentó de una manera muy original. No se cantan directamente "I Love you" sino que cantan 'If I Loved You', que es diferente de lo que se había hecho hasta entonces. Es lo que se conoce como Canción de Amor Condicional o Balada Condicional. También hay una pieza de este tipo en OKLAHOMA!, 'People Will Say We're In Love'. Es una manera más natural de presentar esta situación. Además, Hammerstein fue siempre defensor de la historia integrada y por eso esta canción, 'If I loved you', aparece en medio de lo que se conoce como Escena Musical muy típica de los musicales de Rodgers y Hammerstein, en el que la canción fluye entre el dialogo, y las letras y las palabras se van mezclando, según sea necesario. En esta Escena del Banco en la que Julie Jordan y Billy Bigelow están ligando, la música fluye naturalmente con el diálogo.

Pero al igual que en el resto de los musicales de Rodgers y Hammerstein, en CAROUSEL se mostraba una verdad incómoda, el maltrato a la mujer. La relación entre Billy y Julie se vuelve abusiva, Billy la maltrata. Julie se queda embarazada y para evitar que su futuro retoño nazca en la pobreza, Billy decide cometer un robo y muere clavándose su propio cuchillo. Así ocurrió la primera tragedia en un musical de Broadway. La tía de la protagonista canta uno de los temas más conocidos de Rodgers y Hammerstein, que se ha convertido en el himno del Liverpool, 'You'll Never Walk Alone'. En el segundo acto, Billy tiene una segunda oportunidad cuando el guardián de las estrellas le permite bajar a la tierra años más tarde para cuidar a su hija Louise.

Los grandes autores de musicales de la comedia de Broadway siguieron el esquema del musical orgánico, trabajando como auténticos dramaturgos de sus obras. Así, Irving Berlin escribió ANNIE GET YOUR GUN en 1946, con libreto de Dorothy y Herb Fields, sobre la figura de la tiradora Annie Oakley, que viajaba junto a Buffalo Bill en sus espectáculos ambulantes. De este musical nació el hit 'There's No Business Like Show Business', que se ha convertido en el himno del musical americano, popularizado por Ethel Merman.

Cole Porter vio que este estilo de musical se le estaba haciendo complicado, y cuando pensaba que su carrera teatral estaba terminada, llegó a sus manos un gran argumento para un musical: Dos actores divorciados reunidos en una versión de la Fierecilla Domada de Shakespeare, con peleas delante y detrás del telón. Así nació KISS ME, KATE, estrenada en 1948, y protagonizada por Alfred Drake y Patricia Morrison, que incluía éxitos como 'We Open In Venice' o 'So In Love'. Además, tenía un libreto mucho más coherente que el resto de las obras de Porter.

El show fue el más exitoso de su carrera, con sucesivos revivals en Londres y en Broadway, varias versiones para TV y una para cine bastante diferente del musical original, en la que participa Bob Fosse como bailarín. La película de KISS ME, KATE fue toda una revolución porque, aunque se rodó en 1953, se hizo en 3D, con la técnica más avanzada hasta la época. A España llegó como BESAME CATALINA, al Teatro Alcázar, protagonizado por Maruja Díaz en 1963. KISS ME, KATE además incluía un tema con el ritmo del estilo musical predominante de la época, el swing. La canción era 'Too Darn Hot' y justo ese era el sonido popular.

Además KISS ME, KATE fue el primer musical en recibir un Tony Award. En la década de los 40 se inició la sana tradición de homenajear a lo mejor y más granado de la temporada teatral de Broadway, igual que se estaba haciendo en Hollywood con las grandes películas. Es lo que le faltaba a esta industria para darse importancia y promoción.

Todo comenzó la tarde de un domingo de Pascua, el 6 de abril de 1947, un día en que la mayoría de los actores de Broadway tenían libre. Esa tarde The American Theatre Wing, una organización dedicada al apoyo y la educación en el teatro fundada por las mujeres del teatro en la 1ª Guerra Mundial, rindió tributo a su presidenta original, Antoinette Perry, que había fallecido el año anterior. El tributo, presentado en el Gran Salón de Baile del Hotel Waldorf Astoria, llegó en forma de premio para los logros en Broadway de la temporada, y por eso, en honor a ella, se llamarían desde entonces los Premios Tony. El evento era totalmente casual, dentro de los estándares de la época. No había "Mejor..." en ninguna categoría, solo logros destacados. A los depositarios se les daba compactos de plata si eran hombres o clips con una moneda de oro a las mujeres, y se incluía alguna actuación de los actores que estaban en cartel.

Dos años más tarde, en 1949 Herman Rosse diseñó la estatuilla que todos conocemos. Aunque en un principio se mantuvo como algo más o menos flexible, poco a poco fue replicando el formato y el valor promocional que tenían los Oscar de la Academia, que llevaban ya 20 años de delantera y se habían hecho un fenómeno global. Pero Broadway mantenía el rol central para la calidad creativa en las Artes Escénicas. Lo que importaba era el producto que se estaba mostrando al público.

En 1956 fue la primera vez que se transmitió en televisión a nivel local, y en 1967, a nivel nacional. Además, ese año pasó de hacerse en un gran salón a hacerse en un teatro, el Shubert Theatre, con actuaciones de los mejores shows de la temporada. La CBS empezó a emitir la ceremonia en 1978 y desde entonces hasta la actualidad ha sido la cadena oficial de los Tony Awards, con numerosos premios Emmy por sus galas y cada junio hasta 2019, se han entregado los Tony. Actualmente el teatro que asociamos principalmente a los Tony es el Radio City Music Hall, pero ha ido variando mucho a lo largo de los años. De hecho, principalmente han sido teatros de Broadway los que han acogido la ceremonia: El Gershwin, el Shubert... hasta 1997, en que se instalaron en el Radio City.

Muchos han sido los artistas que han presentado la gala de los Tony, pero nadie ha conseguido ponerse al nivel de Hugh Jackman y Neil Patrick Harris, especialmente en la gala de 2013, en que se pasó del Beacon Theatre al Radio City de nuevo, "going bigger".

Algunos datos curiosos sobre los Tony:

- El musical con más nominaciones a los Tony - HAMILTON, 16 en total, en 2016.
- El musical con más Premios - THE PRODUCERS, 12 en total, en 2001.
- El Revival con más Premios en los Tony - SOUTH PACIFIC – 7, en 2008
- El Revival con más Nominaciones en los Tony - KISS ME, KATE – 12, en 2000.
- Actor o Actriz con más Nominaciones a los Tony - Chita Rivera – 10.
- Actor o Actriz con más Premios Tony - Audra McDonald – 6.
- Compositor con más Premios Tony - Stephen Sondheim – 8.
- Coreógrafo con más Premios Tony - Bob Fosse – 8 (más uno por Dirección).
- El PRINCIPE DE BROADWAY - Harold Prince – 21 – 8 por dirección, 8 por producción, 2 por producción de Mejor Musical y 3 Especiales.

Después de OKLAHOMA! y CAROUSEL, el público se preguntaba si Rodgers y Hammerstein podrían alguna vez emular el éxito de OKLAHOMA! El director Josh Logan les propuso hacer un musical sobre una de las historias de la novela 'Tales of The South Pacific'. SOUTH PACIFIC tenía un único escenario, personajes fascinantes y una partitura brillantemente evocadora, además de dos protagonistas muy conocidos: Mary Martin y Ezio Pinza. SOUTH PACIFIC tuvo su primera representación el 5 de marzo de 1949 en el Shubert Theatre de New Haven, y posteriormente se llevó a Boston. Un mes antes de lo previsto llegaba a

Broadway en medio de una gran expectación por la fama de sus creadores y la popularidad del dúo protagonista. Se convirtió en un éxito inmediato, recibiendo el premio Pulitzer en 1950 (segundo musical en conseguirlo), 10 premios Tony (el segundo musical en recibir el Premio a Mejor Musical), un Grammy y numerosos galardones más.

SOUTH PACIFIC se centra en la vida de unos militares norteamericanos, las enfermeras y los residentes de la isla polinesia que ocupan durante la Segunda Guerra Mundial. Se narran dos historias de amor paralelas amenazadas por los peligros de la guerra y los prejuicios. Nellie, una valiente enfermera de Arkansas, se enamora de Emile, el terrateniente francés. Nellie se entera de que la madre de los hijos de Emile es una nativa de la isla, e incapaz de superar los prejuicios que le inculcaron de pequeña, rechaza la propuesta de matrimonio de Emile. Mientras, el teniente Joe Cable se niega a si mismo la posibilidad de un futuro pleno junto con la chica nativa de la que se ha enamorado, víctima de los mismos miedos que Nellie. El musical incluía la canción 'You've Got To Be Carefully Taught', que generó gran polémica por ser una crítica al racismo. Cuando Emile es reclutado para acompañar a Joe en una misión peligrosa, Nellie se da cuenta de que la vida es demasiado corta para desaprovechar las oportunidades que se presentan para ser feliz, venciendo de esta manera sus prejuicios.

En el West End se estrenó en el Drury Lane en 1951 y giró por USA durante años. Uno de los revivals más importantes fue el de 2008 con Paulo Szot y Kelli O'Hara, producido por el Lincoln Center. Como curiosidad, este fue el primer gran musical americano en estrenarse en Madrid, AL SUR DEL PACÍFICO, en el Teatro de la Zarzuela, en enero de 1955, con Luis Sagi-Vela como protagonista.

Con el comienzo de los años 50 llegaron a las televisiones los programas patrocinados, como el de Ed Sullivan, que se encargaron de recrear sobre los escenarios de los platós grandes espectáculos, con las estrellas de Broadway como protagonistas. Y las tornas se invirtieron totalmente para los hits musicales. Ahora los productores no acudían a los autores del Tin Pan Alley para que compusieran éxitos para sus musicales. Si escuchabas una gran canción en la radio o en la TV ya sabías que venía de un musical de Broadway. El Tin Pan de hecho se reubicó al Norte de Times Square, para estar más cerca de la acción y Hollywood dejó de crear musicales originales para simplemente adaptar los éxitos de Broadway a la gran pantalla. Tener un éxito en Broadway era tener un pie en Hollywood y en la televisión. Broadway era más que nunca lo "mainstream", lo popular.

Hasta la fecha, Rodgers y Hammerstein se habían establecido como una marca fiable, un tándem con reconocimiento internacional, el equipo con el que todos los compositores se comparaban. Sus musicales en los 50 eran tratados como grandes eventos culturales. Se producían a ellos mismos, y los riesgos los tomaban siempre con precaución. En el caso de su siguiente musical THE KING AND I, en 1951, la idea vino de Gertrude Lawrence, que sugirió adaptar la novela de Margaret Landon 'Anna And The King Of Siam', una historia sobre la lucha de culturas oriental y occidental. Lawrence sería Anna y el Rey estaría interpretado por un actor ruso llamado Yul Brynner, que combinaba el entusiasmo de un niño con la ferocidad de un animal. Sobre el escenario, Brynner y Lawrence tenían gran química que daba sentido al subtexto de la relación entre los dos protagonistas. Esto hacía que el choque entre las dos civilizaciones tuviese más dramatismo por los sentimientos que no se llegan a verbalizar. La obra ganó el Tony al Mejor Musical, además de premiar la actuación de Gertrude y Yul. Lawrence falleció a los 18 meses del estreno, de leucemia, y Yul Brynner protagonizó la versión cinematográfica en 1956 junto a Deborah Kerr.

El éxito arrollador de Rodgers y Hammerstein fue THE SOUND OF MUSIC (SONRISAS Y LÁGRIMAS) en 1959, con 1443 funciones, basado en la historia real de la Familia Von Trapp, que dejaron su Austria nativa en la era nazi. La primera opción para el papel de María Rainer fue Mary Martin, que tenía por aquella época 46 años y tenía que interpretar una chica de 19 años que dejaba el convento para hacerse cargo de los siete hijos del viudo Capitán Von Trapp. Pero el encanto de Martin con los niños era innegable, y Rodgers y Hammerstein estuvieron especialmente inspirados escribiendo una partitura atemporal. El show era, una vez más, un hit tras otro—desde el título del musical, hasta el 'Do-Re-Mi', 'Climb Ev'ry Mountain' o 'My Favorite Things.'

A Londres el musical llegó en 1961 y fue un tremendo éxito que se estuvo representando durante 2358 funciones. En 1964 la versión cinematográfica con Julie Andrews rompió todos los records de taquilla a nivel mundial. Antes del estreno de THE SOUND OF MUSIC Oscar Hammerstein II comenzó con unos dolores extraños de estómago, que terminó siendo cáncer. La canción 'Edelweiss' fue la última que escribió Hammerstein. 10 meses después del estreno, el autor que redefinió el Teatro Musical Americano falleció.

A España ha llegado en varias ocasiones. La primera en el 68, aprovechando el tirón de la película, y se estrenó en el Teatro de la Zarzuela. La segunda en el 82, en el Teatro Príncipe y la tercera en septiembre de 2012 bajo el sello de SOM Produce en el Teatro Coliseum.

Frank Loesser fue el siguiente autor en destacar en la década de los 50. Times Square a finales de los 40 se había transformado en un bazar abierto las 24 horas. Los cines, los teatros de burlesque, los talleres de tatuaje, los peep show... todo esto lo plasmó el periodista Damon Runyon en unas novelas cortas que Loesser transformó en la gran comedia musical americana GUYS AND DOLLS, estrenada en 1950, una historia de gangsters y chicas de revista, en el que destaca el tema 'Luck Be A Lady' que se ha versionado en múltiples ocasiones, incluyendo una muy popular de Frank Sinatra. GUYS AND DOLLS se pudo ver en el Teatre Nacional De Catalunya dirigido por Mario Gas en 1998, en una versión ambientada en un cárcel.

Fue Frank Loesser el que animó al siguiente compositor a trabajar en su obra más destacada. Meredith Wilson era un popular músico con canciones famosas en radio y televisión, pero que quería escribir su show THE MUSIC MAN. La historia cuenta cómo en 1912 Harold Hill, un estafador, convence a un pequeño pueblo de Iowa de que puede hacer de sus chicos una banda de música profesional, aunque no sepa leer ni una nota. Hill se enamora de la bibliotecaria Marian Paroo, y milagrosamente al final consigue montar su banda de música. Los protagonistas fueron Robert Preston y Barbara Cook que inmortalizaron una de las partituras más queridas por el público americano. Entre las canciones más conocidas, la animada 'Seventy-Six Trombones' y la balada 'Til There Was You'. Como curiosidad, en los Tony tuvo que pelear con otro grande, WEST SIDE STORY, y finalmente el vencedor fue THE MUSIC MAN, que se llevó Mejor Musical y Mejores actores para Cook y Preston. En la temporada 2021-2022 de Broadway se ha estrenado un revival con Hugh Jackman y Sutton Foster.

En los 50, con la integración del musical de manera orgánica, se estaba pasando el control creativo de los compositores y los productores a los directores, que tenían que supervisar todas las áreas: Música, letras, libreto y diseño técnico. Por ello, es muy importante mencionar en este punto el trabajo de dos directores sin cuya visión no hubieran sido posibles grandes éxitos de la época.

Por un lado, George Abbott, que dirigió 26 musicales en Broadway y 22 se convirtieron en auténticas máquinas de hacer dinero. Los profesionales de Broadway decían que tenía el Toque Abbott cuando veían un show dirigido por él.

(de izquierda a derecha) Elizabeth Taylor, Carmen Gutiérrez, Marilyn Cooper, con Carol Lawrence cantando I Feel Pretty, del cast original de West Side Story, 1957.

Además de dirigir, escribía parcial o totalmente los libretos, les daba empuje y sabía cómo llegar al público. Su área era sin duda la comedia, como el caso de WONDERUL TOWN o ONCE UPON A MATTRESS, y cuando caía en sus manos un drama, fracasaba estrepitosamente. Para él los showstopper eran fundamentales para hacer que el show destacase, a veces incluso aunque no ayudase a avanzar la historia. Sabía escoger muy bien el elenco y reconoció la importancia creciente de la danza a la hora de contar la historia. Por eso mismo, sus dos discípulos comenzaron la tendencia de los directores-coreógrafos: Jerome Robbins y Bob Fosse. Con este último Abbott trabajó en un musical en 1955 que sería clave para la carrera de Fosse, ya que ahí conoció a su musa y eterno apoyo, Gwen Verdon. El musical fue DAMN YANKEES.

Por otro lado, en esta era de los directores destacó el discípulo de Abbott, Jerome Robbins. Entrenado en el ballet clásico, Robbins primero estudió interpretación porque creía que cada paso en danza tenía que estar motivado por un personaje. Como director, solía mandar a la fuerza, y no le importaba humillar públicamente a los artistas. Se ganó el sobrenombre de 'Atila el Hitler'. Era respetado, pero no querido. Fue la definición de "show doctor", al que llamaban cuando un musical no funcionaba para que buscase la solución. Uno de los títulos más importantes en los que participó fue PETER PAN en 1954, protagonizado por Mary Martin, que se grabó para la NBC y que ha hecho giras nacionales por toda Norte América durante más de 50 años.

Stephen Sondheim (izquierda) junto a Leonard Bernstein (derecha).

Y justo en esta década, Robbins formó parte del musical que cambió el panorama teatral de la época: WEST SIDE STORY. La obra de Leonard Bernstein, con letras de Stephen Sondheim y libreto de Arthur Laurents, sobre un Romeo polaco-americano y una Julieta puertorriqueña en medio de una guerra de bandas en las calles de Nueva York. Larry Kert fue el primer Tony, Carol Lawrence fue la primera María, y la eterna Chita Rivera era Anita, comenzando así su reinado como una de las estrellas más queridas de Broadway. WEST SIDE STORY, estrenado en 1957, fue el musical de los jóvenes en su generación, como después lo serían HAIR, A CHORUS LINE, RENT, SPRING AWAKENING o DEAR EVAN HANSEN, hablando directamente a los adolescentes y veinteañeros de los 50, en sus propias palabras y provocando una respuesta apasionada. Sin embargo, la respuesta de la crítica y los Tony no fue buena, y no batió records. Gracias a la película de 1961 dirigida por Robert Wise, la coreografía de Robbins se ha preservado para generaciones

futuras y todas las coreografías de Broadway siempre serán comparadas con la suya. En España hemos podido verlo en dos ocasiones: En 1996, primero en el Tívoli de Barcelona y luego en el Nuevo Apolo de Madrid, y otra producción en 2018 de SOM Produce.

Solo dos años después, en 1959, inspirado por las memorias de la stripper Gypsy Rose Lee, el productor David Merrick quiso poner en pie un musical sobre esta historia con Ethel Merman como protagonista. Arthur Laurents (libreto) junto a Jule Styne (música) y Stephen Sondheim (letras), capitaneados por Jerome Robbins (de nuevo director y coreógrafo), contarían la historia de GYPSY pero centrando la atención en otro personaje que no sería la autora de la novela sino su madre, Rose Hovick, que había forzado a sus dos hijas a entrar en el vodevil. Esto propició que la historia tuviese un arco dramático en el que se permitían tanto momentos cómicos, por la propia insistencia de Madame Rose en que sus hijas triunfasen en el escenario, como también momentos trágicos, cuando el espectador se da cuenta de lo triste y monstruoso de que a esa madre poco le importan sus hijas y solamente quiere vivir su frustrada carrera como artista a través de ellas. Robbins minimizó el uso de las coreografías a lo estrictamente necesario, para que ocurriese naturalmente, como parte de los números de vodevil o en algún ensayo en el backstage.

Él ayudó a que Merman diese la mejor interpretación de su vida, con el clímax en 'Rose's Turn', un eleven o'clock number clásico, en el que Rose desata toda su rabia y su ira ante la ingratitud de sus hijas, proclamando al final que todo lo había hecho para ellas. Aunque no fue un gran éxito de taquilla, se considera una fábula americana cuya obertura se pone siempre como ejemplo, y grandes actrices lo han protagonizado sirviendo de reclamo en subsecuentes producciones. Artistas de la talla de Angela Lansbury, Tyne Daly, Bernadette Peters o más recientemente Patti LuPone e Imelda Staunton han encarnado a Madame Rose. En cine, se han hecho dos versiones—una protagonizada por Rosalind Russell y Natalie Wood y otra con Bette Midler, mucho mejor, para TV en 1993. Barbra Streisand lleva varios años persiguiendo una nueva adaptación al cine.

Tanto las coreografías de WEST SIDE STORY como las de GYPSY son dos ejemplos del trabajo de Robbins y de cómo la narración a través de la danza ganaba terreno. Ya había sido muy importante en los 40 con Agnes De Mille con OKLAHOMA! y sería un precedente para títulos que llegarían a Broadway muy pronto.

Estaba claro que Robbins cada vez conectaba más con el público, y sabía perfectamente cómo solucionar un problema de libreto. Así lo demostró de nuevo con la farsa A FUNNY THING HAPPENED ON THE WAY TO THE FORUM en 1962 escrita completamente por Stephen Sondheim basándose en los trabajos de Plauto. George Abbott se puso al frente con la dirección del show desde el principio y los problemas comenzaron en los try-outs. Zero Mostel, conocido por su pasado en el burlesque, ofrecía una interpretación deliciosa como Pseudolus, el esclavo listo que se ríe de todos los personajes en la Antigua Roma, con muchísimas posibilidades de gags gracias al libreto de Burt Shevelove y Larry Gelbart. Había un poco de amor, un poco de enredo y mucha comedia. Era el terreno perfecto de Abbott, pero no consiguió dar en el clavo. En las previas el show comenzaba con un tema llamado 'Love Is In The Air', ya que el protagonista Pseudolus hace un trato con Hero de que si el esclavo le consigue un cita con una cortesana bella, Hero le conseguiría a él la libertad. Abbott confundió al público con el planteamiento de las comedias musicales románticas de principios de los 30 en las que había sido tan exitoso, pero esto realmente era una farsa en la que todos los personajes son roles estándar de la comedia clásica: El esclavo listo, los dos jóvenes enamorados bobalicones, el viejo verde, el soldado fanfarrón, etc.

Llamaron a Jerome Robbins para buscar la solución y éste localizó el problema en el número inicial. Como era propio en él, planteó la pregunta: "¿De qué va el show?" y la respuesta era "Comedia". Sondheim dio la solución con 'Comedy Tonight', una introducción alocada en la que se presentan todos los personajes clave de la historia en el tono que tenía la farsa exactamente. El musical se llevó el Tony ese año, y así los protagonistas, el director y hasta el libretista, pero no para la primera partitura escrita totalmente por Sondheim. La versión cinematográfica no tardó en aparecer y así se perpetuó la interpretación de Zero Mostel. Merece una mención especial el revival de 1996 protagonizada por Nathan Lane.

En España se hizo en 1964, solo dos años después de estrenarse en Broadway, en el Teatro Maravillas de Madrid, con José Sazatornil —"Saza" como seudónimo— un personaje que, aprovechando el tirón de la peli, se llamó directamente Golfus. También se volvió a hacer en 1993 dirigida por Mario Gas, primero en el Festival de Mérida y luego en el Nuevo Apolo de Madrid en 1995, en 2015 dentro de los Veranos de La Villa, dirigida por Jesús Castejón y protagonizada por Rafa Castejón, y más recientemente en 2021, estrenado en Mérida primero y luego en la Latina Madrid, llegó la versión de Daniel Anglès con Carlos Latre como protagonista.

A finales de los 50, de esta era dorada de Broadway, se estrenó el musical de más éxito de la época a ambos lados del Atlántico, MY FAIR LADY, escrito por Alan Jay Lerner y Frederick Loewe, que se estrenó en 1956. Superó a OKLAHOMA! manteniéndose en cartel 2717 funciones hasta 1962. La obra estaba basada en la comedia de George Bernard Shaw PYGMALION. Oscar Hammerstein II ya había querido hacer una versión musical de esta historia, pero descartó la idea junto a Richard Rodgers, porque no había historia de amor, y había pocas expectativas románticas en el argumento central, el de la joven vendedora de flores de Covent Garden Eliza Doolittle que al final acaba abandonando a Higgins. Incluso Bernard Shaw había prohibido versiones musicales de sus obras, después de alguna mala experiencia con el género, pero en 1950 falleció y sus herederos fueron convencidos por Lerner y Loewe para este proyecto.

En realidad, no hay un romance, pero gracias al libreto de Lerner, con ayuda del director Moss Hart, hay una emoción y una profundidad en la creación de estos dos personajes que va creciendo escena tras escena: Se retan, se quieren, y acaban discutiendo, pero al final Higgins 'se acostumbra a su cara'. La partitura contiene algunos de los momentos más míticos del musical americano como 'I Could Have Danced All Night' y estéticamente Cecil Beaton creó un vestuario que era en si un personaje del musical especialmente en la escena de la carrera de Ascott. Mary Martin fue la primera opción para el papel, pero lo rechazó diciendo que "estos pobres chicos habían perdido su talento". La estrella de cine Deanna Durbin también lo rechazó y lo acabó protagonizando la británica Julie Andrews. Casi pierde el papel en ensayos, pero después de un fin de semana de coach vocal lo recuperó y el dramaturgo Moss Hart admitió que "Julie tiene una maravillosa fuerza británica, que te hace preguntarte cómo es posible que perdieran la India."

El éxito en Broadway fue seguido de una producción igual de exitosa en Londres y sucesivos revivals en Nueva York, incluyendo el más reciente del Lincoln Center en 2018. En España se ha hecho varias veces: En 1982, con Angela Carrasco y Alberto Closas, en los papeles principales, y de nuevo con Paloma San Basilio, en 2001 y en 2015, producido por Stage Entertainment.

LOS 60 Y 70. EL MUSICAL CONCEPTUAL Y EL MUSICAL ROCK

C omo comentaba en el primer capítulo, el momento histórico es fundamental y en especial para entender la evolución del Teatro Musical. Muere Kennedy, tiene lugar la Guerra de Vietnam y la gente quiere respuestas porque tiene una mezcla entre miedo y rabia. Hubo un cambio de mentalidad después de la época del consumismo en USA y esto hizo que el público buscase otro tipo de entretenimiento. Llegó la era de la "generation gap", la revolución sexual, el uso de las drogas, la corrupción política, y lo peor de todo es que de esto no se podía o nadie se atrevía a hablar ni en las obras de texto ni mucho menos en un musical. Como mucho como final de un chiste. La música que sonaba en las radios de los americanos ya no eran hits de Broadway, ahora comenzaba a sonar el Rock (el estilo popular de la época). Y ahora eran las películas las que se atrevían a hablar de manera incisiva y contundente al público americano.

En Broadway, a comienzos de los 60 todavía se vendían entradas y las grandes estrellas eran reclamo para la preventa que se hacía por correo ordinario. A finales de los 70 nada de esto era un reclamo, ni las estrellas, ni los directores, ni los autores ni productores. El Broadway clásico (que había comenzado con OKLAHOMA!) estaba acabado, no era una novedad y tenía que reinventarse. Además, comenzó una vía de compra de entradas nueva, por teléfono, con un canal que aún se usa online, TELECHARGE.

La realidad económica de Broadway no se podía seguir ignorando. Empezó a haber musicales que, aunque tenían grandes críticas y estaban en cartel durante bastante tiempo, no llegaban a recuperar la inversión. El musical se hacía más grande, con una tecnología cada vez más sofisticada que incluía los micrófonos de diadema. Como mencioné anteriormente, acerca de la importancia del libreto y la diferencia con la ópera, la palabra es lo importante en el Teatro Musical y por eso en este género van amplificados, para que la gente entienda mejor las palabras, y también que la interpretación pueda ser más sutil, con más matices y no todo de cara al público. Esto es algo que se empezó a hacer a comienzos de los 50, con musicales como SOUTH PACIFIC, pero hasta entonces solamente se usaban micros de ambiente. Con FUNNY GIRL, que se estrenó en 1964 y que comentaré ahora, se usaron por primera vez los micrófonos de diadema.

Esto hacía que el musical fuera cada vez más costoso de producir, llegando a superar el medio millón de dólares a mediados de los 60. La evolución en los precios fue así:

- THE BLACK CROOK — 1866 — 25.000$
- SHOWBOAT — 1929 — 250.000$
- FOLLIES — 1972 — 800.000$ (cerró perdiendo 685.000$)

Los productores se echaban las manos a la cabeza porque para recuperar la inversión (llegar al "break even") necesitaban estar llenando al 100% durante seis meses mínimo, y pocos shows llegaban a conseguirlo. Las entradas buenas en Broadway iban en ascenso: En 1960 costaban 10$, en 1975 ascendió el precio a 17,50$ y en 1981 hasta 40$. A pesar de este ascenso ligero, solo 1 de cada 5 shows llegaban a ser un hit, considerando esto ganar dinero.

La generación de compositores que comentaré a continuación dio al mundo grandes títulos y fueron los descendientes directos de los recientemente fallecidos Hammerstein, Porter y Loesser. Lo que había sido una revolución (el musical orgánico), ahora va a pasar a llamarse musical tradicional (no para la juventud de la época).

El primero de esos títulos vino dirigido por un director que seguía la estela de Robbins del director-coreógrafo: Gower Champion, director de HELLO, DOLLY!, que fue la carta de presentación de Jerry Herman, el autor de LA CAGE AUX FOLLES. Con un bagaje en Broadway en los 40, y después de probar suerte en el cine con la MGM, Gower Champion buscaba que la figura del director-coreógrafo fuera la del principal narrador sobre el escenario de un musical, como Robbins. Antes de DOLLY ya se había dado a conocer con un musical con partitura rock, que fue BYE BYE BIRDIE.

HELLO, DOLLY! se estrenó en 1964 y era una versión de la comedia de Thorton Wilder THE MATCHMAKER. En la partitura, el sonido del Broadway contemporáneo (pero tradicional) y con un sabor a finales del Siglo XIX, en el que estaba ambientado. Cuenta la historia de la viuda Dolly Gallagher Levi, una cotilla profesional que trabaja organizando la vida de los demás, y que decide arreglar su vida casándose con el rancio pero adinerado Horace Vandergelder. Aunque el proyecto estaba pensado para que lo protagonizase Ethel Merman, esta tuvo un percance con una vena que se le explotó en las cuerdas vocales haciendo GYPSY, y no pudo aceptar otro papel tan exigente. En su lugar Carol Channing consiguió el papel de su vida como Dolly. El musical está repleto de grandes momentos como

'Put On Your Sunday Clothes' y tan ligado a la cultura americana que canciones como esta aparece en películas como WALL-E. Channing lideró al elenco en el número 'Before The Parade Passes By', en el que todos los elementos sobre el escenario están coreografiados, incluidos los elementos de la escenografía, en un auténtico desfile.

El tema principal es una obra de arte que se ha repetido producción tras producción, el arte de controlar al público adquiere una nueva dimensión. Los camareros del restaurante Harmonia Gardens, que saben que vuelve la querida Dolly después de varios años de ausencia, rompen en el vertiginoso 'Waiter's Gallop', en el que giran mesas, vuelan manteles y cuchillos todo hasta un culmen febril en el que la fanfarria anuncia que Dolly ha llegado bajando por una escalera central. Dolly continúa la celebración en una pasarela circular alrededor de la orquesta, más allá del proscenio para que la acción pase al auditorio. Cada actriz que ha repetido este movimiento escénico marcado por Champion ha tenido un resultado igualmente exitoso. De una bajada de escaleras a una fila de grupo, cada momento de la escena se lleva un aplauso. Esto es un showstopper.

Gower Champion estaba dejando su firma personal en estos "production numbers" que funcionan a la perfección para el público. Igual que lo había sido antes con Abbott y la comedia y con Robbins y la danza para narrar.

Las mujeres "de cierta edad" estaban ansiosas por hacer el papel: Ginger Rogers, Mary Martin, e incluso Ethel Merman, que iba a estrenarlo, y que estuvo en el musical hasta que HELLO, DOLLY! se convirtió en el musical más longevo de la historia de Broadway hasta el momento. Se llegó a hacer una versión toda interpretada por actores afroamericanos, con Pearl Bailey como Dolly, en una época en la que la controversia de los derechos civiles estaba en un punto álgido. Un movimiento algo arriesgado, pero que tuvo buenos resultados, y que llenó el St. James durante 2 años. Incluso Merrick quería que un hombre hiciera el papel de Dolly, pero nunca llegó a ocurrir.

Dos factores que ayudaron a potenciar el gran éxito del musical: Por un lado, la versión jazz de 'Hello, Dolly!' de Louis Armstrong, que popularizó el musical, trascendiendo al público general, que es con la que todos hemos llegado a conocer alguna vez la canción, lo cual aumentó la venta de entradas. Por otro lado, la película de 1969, aunque sin duda no es tan buena como la versión teatral y Barbra Streisand fue uno de los mayores errores de casting de la historia. Channing continuó su reinado como la mejor Dolly de la historia haciendo giras nacionales hasta 1997, llegando a más de 5000 funciones, según llevaba contadas.

En 2017 el revival protagonizado por Bette Midler tuvo una gran acogida, asociado especialmente a la actriz. En 2001 se hizo en España protagonizado por Concha Velasco. En Argentina se ha hecho 3 veces en Buenos Aires con grandes damas de la escena: 1967, con Libertad Lamarque, 1996, con Silvia Pinal (que repitió en México), y 2020, con Daniela Romo.

Barbra Streisand, 1962.

Barbra Streisand fue la protagonista de otro de los grandes títulos tradicionales estrenados en esta década. FUNNY GIRL, producido por David Merrick también, y dirigido por Garson Canin, era un show sobre una de las estrellas de Florence Ziegfeld, Fanny Brice. El papel de la joven cómica judía pudo haber caído en manos de actrices como Mary Martin o Anne Bancroft, pero no. Tenían a alguien mejor en mente, y justamente había hecho otro show con Merrick muy poco antes: Barbra Streisand, que había hecho un papel secundario en I CAN GET YOU WHOLESOME y con ese papel de secretaria de Miss Mamelstein había conseguido destacar lo suficiente. Jule Styne, el autor de la partitura, que es brillante, junto a Bob Merrill, estaba seguro de que el tema que había compuesto para Streisand, 'People', sería un éxito rotundo. Así fue.

Sin embargo, los comienzos de este show en previas fueron bastante accidentados. Streisand estaba muy insegura, lo cual dio pie a desencuentros desagradables sobre el escenario y fuera de él, ya que la diva que estaba naciendo tenía un temperamento considerable; hubo cambios en el equipo creativo (como solía ocurrir con Merrick), e incluso hubo que llamar a Jerome Robbins (que no recibió ningún crédito por ello) para ejercer de show doctor, porque en el musical se explicaba la tumultuosa historia entre Fanny Brice y Nick Arnstein, pero es que este todavía estaba vivo y estuvo a punto de demandarles. En cualquier caso, al final el show se estrenó en marzo de 1964 en el Winter Garden (donde Fanny Brice había brillado 30 años antes en los Follies de Ziegfeld), y Barbra Streisand se convirtió en una súper estrella de Broadway.

Con FUNNY GIRL Streisand se hizo omnipresente en Nueva York a mediados de los 60, con su historia de la chica local que salta al estrellato. Ella nació en Brooklyn y desde bien pequeña tuvo muy claro lo que quería. Ella era, y es, muy determinada, muy clara, y ese carácter siempre le ha llevado a que le confundan con ser agresiva y antipática. Con estas características consiguió que a ella no le pasara lo que a Julie Andrews. A diferencia de la actriz británica, ella SÍ que repitió en pantalla el papel de Fanny Brice en la versión cinematográfica de FUNNY GIRL, en 1967, dirigida por Ray Stark, y con un contrato histórico ya que se comprometió a tres películas—FUNNY GIRL, HELLO, DOLLY! y ON A CLEAR DAY YOU CAN SEE FOREVER. Consiguió el Oscar por su papel en la película, que protagonizó junto a Omar Shariff, con el que se rumoreó que tuvo un affair.

El salto a la fama con FUNNY GIRL fue inmediato, se llevó el Oscar a Mejor Actriz, el único para la película, y estaba justificado ya que su interpretación de Fanny Brice es magistral. No así con HELLO, DOLLY! dos años más tarde, ya que el papel

era para una actriz de la edad de Carol Channing, y ella tenía 26 años nada más. De hecho, la película, dirigida por Gene Kelly, fracasó en taquilla y no cubrió costes ni de lejos. Igual le pasó a Julie Andrews con el biopic de Gertrude Lawrence, STAR!. Al final de los 60 a la gente ya no le llamaba tanto la atención las películas musicales, aunque la tendencia había convertido a Andrews y Streisand en dos de las mayores super estrellas que Hollywood había visto nunca.

Y si hay que hablar de musical tradicional de los 60, y tradición, no podemos dejarnos el título por antonomasia de Jerry Bock y Sheldon Harnick: FIDDLER ON THE ROOF. Con una música con la que los autores supieron captar la etnicidad como en pocos shows, FIDDLER fue dirigido y coreografiado por Jerome Robbins y trata sobre las historias de Sholem Aleichem sobre el lechero judío que intenta mantener a su familia en la Rusia de los zares. El musical se estrenó en 1964, producido por Harold Prince, con libreto de Joseph Stein, que consiguió que esta historia, que se temía que fuese demasiado judía para el público general, superase en número de funciones a HELLO, DOLLY! y se transformase en un fenómeno internacional, con 5 revivals en Broadway. En 1970 de hecho se llegó a hacer en Madrid protagonizado por Antonio Garisa, en 1997 se volvió a hacer, en una producción que venía del Teatre Goya de Barcelona y finalmente en 2005 llegó incluso una versión en ruso, que solo se pudo ver en el Teatro Palacio Valdés de Avilés.

El personaje central, Tevye, interpretado originalmente por Zero Mostel, lucha por mantener la tradición, casar a sus cinco hijas, y mientras conserva su relación con Golde, ve como sus hijas se van haciendo mayores. Las emociones están expresadas perfectamente en la música, las letras y la coreografía, incluyendo el opening, 'Tradition', con un círculo de judíos bailando con las botellas en la cabeza, que ya se ha convertido en icónico. Al igual que en GOLFUS o en FUNNY GIRL, Robbins había incidido mucho en la clave de la historia. ¿De qué va FIDDLER? De Tradición.

Son historias que, aunque están narradas desde la cultura judía, consiguen que el público se identifique con ellas, y la más popular de todas las canciones ya es un hit mainstream que conoce todo el mundo 'If I Were A Rich Man'. Como anécdota, cuando el musical llegó a Japón, se comentó que no entendían como se había hecho popular un musical "tan japonés". Al final no habla de relaciones judías, sino de relaciones humanas.

Sin embargo, aunque este título suponía un gran hito en la historia del género en Broadway, América estaba en plenos años 60, ya se había perdido la fe en los valores tradicionales del país y se ponía en cuestionamiento todo.

Aunque sea un título que solo estuvo en el Off-Broadway merece la pena mencionar el caso de THE FANTASTICKS, de Tom Jones (importante mencionar que no se trata del cantante galés) y Harvey Schmidt, un título que marcó un antes y un después en el Musical Off Broadway. Decir que este es el musical con mayor permanencia continuada en cartel en todo el mundo hará que alguien piense que me olvido de LOS MISERABLES o EL FANTASMA DE LA ÓPERA, pero no, ya que este también es un musical americano, aunque se estrenase fuera del circuito comercial. La clave del éxito de este show está en su puesta en escena más que sencilla, una orquesta compuesta por dos músicos: Un pianista y en momentos puntuales un arpa o algún instrumento de percusión y solamente ocho actores; pero sobre todo una historia y una partitura excelentes, puro teatro.

El musical fue escrito tomando como base la obra "Les romanesques" de Edmond Rodstand, contando con la música de Harvey Schmidt, con libreto y letras de Tom Jones, que a raíz del éxito de este musical siguieron colaborando juntos en otros musicales como 110 IN THE SHADE, CELEBRATION o I DO, I DO. Cuando se alza el telón nos encontramos con un personaje llamado El Gallo cantando la canción más popular del musical 'Try to remember' y nos va a hablar del amor, sirviéndose de la historia de Matt y Luisa que viven en dos casas, una junto a la otra, separadas por una pared y que están enamorados, aunque sus padres, cegados por una enemistad de años atrás, les han prohibido dirigirse la palabra. ¿Cuál es la trampa? Que los padres en realidad planean que se enamoren porque su premisa es que los hijos siempre hacen lo contrario de lo que les ordenan sus padres.

El musical se estrenó el 3 de mayo de 1960 en el Sullivan Street Playhouse, un teatro con 182 butacas, con Jerry Orbach como El Gallo y cerró en junio de 2017 rompiendo todos los records de permanencia de un musical con más de 21.000 funciones en Nueva York. En todo el tiempo que estuvo en cartel y en la gira que emprendió por Estados Unidos, pasaron por el musical actores y actrices como Liza Minnelli, Glenn Close, Robert Goulet, Richard Chamberlain o Kristin Chenoweth. En el 61 ya se estrenó en México, producida por René Anselmo y Luis de Llano, y en el 69 de nuevo. En España se pudo ver por primera vez en 1969 en el Teatro Reina Victoria de Madrid, con dirección de Francisco Nieva y Antonio Malonda, y protagonizado por Eusebio Poncela como Matt, Elsa Baeza como Luisa

y Josep Maria Pou como el padre de Luisa, y de nuevo en 1997 en el Teatro Sanpol con Geraldine Larrosa como Luisa y Armando Pita como Matt.

En los 60, Times Square era una zona peligrosa, y en medio de este Broadway decadente, saturado de clubs de strip-tease, tiendas porno y cines X, comenzó la lucha por ser el estilo dominante: Musicales rock, musicales conceptuales y el musical tradicional post-OKLAHOMA!

Una de las primeras respuestas a esas preguntas que surgían acerca del futuro de la nación llegó de la mano de un musical ambientado en Alemania. Sus creativos estaban buscando dar una respuesta al público sobre el escenario. ¿Cómo hacerlo? Poniendo un espejo encima. Es lo que se conoce como posmodernismo y en Broadway se comenzó a ver con el musical conceptual. La semilla de este tipo de musical llegó en 1966 con el musical CABARET, que dirigió Harold Prince, con libreto de Joe Masteroff y el dúo compuesto por John Kander (música) y Fred Ebb (letrista). Para Prince, lo cuenta en sus memorias 'Sense Of Occasion' "hay un paralelismo entre la Alemania nazi de los años 20 y América de los años 60, donde reinaba la supremacía blanca".

Le dio un papel central al Maestro de Ceremonias del Cabaret, el Deux Es Machina que controla todo, que a lo largo del show se vuelve déspota, se corrompe con el Nacional Socialismo, como Alemania. Se convierte en la metáfora del show: A lo largo del musical el tono cada vez es más oscuro y el cabaret se ve como una vía de escape. De la misma manera, la música de Kander y Ebb usa el show business como metáfora de vida, igual que harán años más tarde con CHICAGO. "La vida es un CABARET sin más, vamos al CABARET," que canta la actriz principal del local, Sally Bowles. Para hacer más palpable el paralelismo con la actualidad se puso un espejo colgaba al fondo del escenario, haciendo que se reflejara el público, integrándolo.

Joel Grey hacía de Maestro de Ceremonias, en teatro y cine, y ganó por este papel el Tony y el Oscar por la versión cinematográfica, dirigida por Bob Fosse en 1972. Grey es uno de los únicos tres actores en conseguirlo, junto a Yul Brinner (EL REY Y YO) y Rex Harrison (MY FAIR LADY).

En Broadway estuvo en cartel hasta 1969, y en Londres también se estrenó, en el 68, con menos éxito. Aunque ha habido varios, el revival más celebrado ha sido el de 1998, dirigido por Sam Mendes, en Broadway, que se ha reproducido en todo el mundo, por su carácter inmersivo, que ambientaba todo el teatro como si fuera el propio cabaret berlinés, y estaba basado en una producción que se había hecho en 1993 en la Donmar Warehouse de Londres. Esta reposición ha estado protagonizada en Broadway por célebres estrellas de cine y TV como Brooke Shields, Michael C. Hall, Neil Patrick Harris o John Stamos.

CABARET se ha representado en varias ocasiones en España: En 1992-93 con Nina como Sally Bowles, dirigida por Jerome Savary, se estrenó en el Novedades de Barcelona y luego llegó al Teatro de Madrid; en 2003, la producción de Sam Mendes, dirigida por BT McNicholl, estrenada en el Nuevo Alcalá de Madrid, protagonizada por Asier Etxeandía y Natalia Millán, y producida por Stage Entertainment, tuvo un gran éxito y finalizó en 2007 en el Teatre Apolo de Barcelona; y por último, la versión de SOM Produce que se estrenó en 2015 en el Teatro Rialto de Madrid, con Cristina Castaño como Sally.

No podemos dejar de destacar, a colación de CABARET, el nombre de Bob Fosse. Uno de sus mayores éxitos en Broadway fue SWEET CHARITY, en el que Fosse y Gwen Verdon volvieron juntos, después de DAMN YANKEES. Estrenado en 1966, está basado en 'Noches de Cabiria' de Federico Fellini, y cuenta con una estupenda partitura de Cy Coleman y Dorothy Fields y libreto de Neil Simon, mezclando rock sesentero con temas que suenan a Broadway. Un musical tradicional sobre una optimista chica que baila en un club nocturno y que busca desesperadamente el amor. Estuvo en Broadway solo 1 año, y cuatro meses de que cerrase, en noviembre de 1967 se estrenó en el Teatro Español de Barcelona y en febrero de 1968 se estrenó en el Lope de Vega de Madrid. La película de 1969 no contó con Gwen Verdon como protagonista, lo hizo Shirley MacLaine, que para aquel entonces ya era una estrella de Hollywood.

También en los 60 hay que mencionar un tándem que se convirtió en sinónimo de éxito a otro nivel, más sofisticado. No popular, porque nunca llegaron a conseguir un gran éxito comercial. Hablo de Stephen Sondheim y Harold Prince. Ambos tenían una amplia experiencia haciendo musicales tradicionales en la era post-OKLAHOMA!. De hecho, como mencioné antes, trabajaron juntos en WEST SIDE STORY. Los dos querían un nuevo acercamiento al género, enfocando la atención más en un evento central que en la historia, como en todo musical conceptual: Ya podía ser la vida de soltero versus el matrimonio (COMPANY), una reunión agridulce (FOLLIES) o un fin de semana en el campo (A LITTLE NIGHT MUSIC).

Los musicales conceptuales van más allá de la narrativa tradicional, rompiendo los límites del tiempo, el espacio y la acción para poder examinar no solo la historia de un personaje central sino varios, sus relaciones, y sus similitudes. Este trabajo

posmoderno está explicado perfectamente en el libro de Robert L McLaughlin 'Stephen Sondheim and the Reinvention of The American Musical'.

Con COMPANY (1970) comenzó la alianza Prince-Sondheim. El libretista George Furth llegó con la idea original de hacer una historia sobre Bobby, un soltero de treintaypocos en Manhattan donde sus amigos más cercanos son parejas casadas. En su cumpleaños 35 se ve forzado a afrontar que por muchas relaciones casuales la sociedad le va a plantear por qué no comprometerse con alguien. A lo largo de los cuadros verá las alegrías y también las miserias de sus amigos casados. Entre las escenas hay auténticas joyas como 'Ladies Who Lunch', interpretado por Elaine Stritch, o las coreografías creadas por Michael Bennett para escenificar el ritmo frenético de vida en la ciudad de Nueva York. Uno de los temas más conocidos y versionados hasta la saciedad es 'Being Alive', la canción en la que Bobby se decide a buscar alguien que se preocupe por él, y que él tenga que preocuparse por esa persona, y que le haga vivir.

En los Tony de 1971 se llevó 6 premios incluyendo Mejor Musical y premios para Sondheim, Furth, Prince y el diseñador Boris Aronson que creó un sistema de ascensores y plataformas que representaban los rascacielos de Nueva York. Una escenografía que creaba una sensación claustrofóbica, de la misma manera que las relaciones personales dan claustrofobia a Bobby.

El musical ha tenido varios revivals destacables, pero en el Gielgud Theatre de Londres en 2018 Marianne Elliot dio un paso más allá cambiando el sexo de Bobby, y haciendo que la actriz Rosalie Craig diera vida a este personaje. El punto de vista cambiaba completamente ya que en su momento se ponía en duda la masculinidad, el típico playboy se ponía en duda... ¿era realmente feliz? Pero aquí no, aquí se pone en duda las reglas aplicadas a la mujer, desde la sociedad machista en la que todavía vivimos. El sonido con el que comienza "Bobby..." suena como los acordes de Tiburón, y todo el show está sonando un tik tok... el reloj biológico que presiona a la mujer por a) estar casada y b) ser madre. En 2021 Antonio Banderas ha estrenado una nueva versión que él mismo protagoniza en el Teatro Soho Caixabank de Málaga.

Desde hacía muchos años Prince y Sondheim estaban contemplando el proyecto THE GIRLS UPSTAIRS, trabajando con el dramaturgo James Goldman en un libreto que hablaba de un grupo de personas enfrentándose a los fantasmas del pasado. Este proyecto pasó a ser FOLLIES, estrenado en Broadway en 1971.

La historia trata sobre dos chicas que fueron showgirls en los Follies de Weissman, en una reunión en un teatro que va a ser demolido al día siguiente, una situación cada vez más real en esa época que veía como los grandes musicales ya no eran un negocio lucrativo. Phyllis y Sally van a esta reunión con sus maridos Ben y Buddy, todos con sus lamentos y sus reproches, pero como en todos los musicales conceptuales, no se centra solamente en las relaciones de ambos, sino que son las relaciones en general, del pasado versus el presente. No solo ellos sino todos los artistas que asisten a la reunión están rodeados de sus fantasmas. Al final de la noche, cuando la mañana despunta las dos parejas han viajado por canciones que son parodias (follies) de sus propias existencias, pero aún juntos, listos para liberarse de los fantasmas del pasado y afrontar el futuro con más honestidad. Juntos o no.

Sondheim rindió tributo, musicalmente, a sus predecesores, desde Berlin a Porter. Las chicas desfilan por las escaleras como las showgirls de Ziegfeld en 'Beautiful Girls', como si fuera una canción de Irving Berlin, como un pastiche, un tipo de show en el que se juntan varias canciones de diferentes estilos.

FOLLIES ha tenido diferentes revivals en Londres y Broadway, siendo el más celebrado el del West End en 1987, 2001 en Broadway y la espectacular reposición de 2017 del National Theatre de Londres, que se ha podido ver en cines de todo el mundo gracias a National Theatre Live. En Madrid Mario Gas lo dirigió para el Teatro Español con grandes nombres como Carlos Hipólito como Ben o Vicky Peña como Phyllis, en 2012.

El siguiente proyecto de Sondheim y Prince estaba inspirado en la película de Ingmar Bergman 'Sonrisas de una Noche de Verano'. A LITTLE NIGHT MUSIC, estrenado en 1972, está ambientado en la Suecia de finales de siglo XIX, y se centra en una historia de amor que implica a varios personajes. Frederik Egerman, un hombre decente a punto de casarse con su segunda mujer que ve reavivado el fuego del amor al reencontrarse con su antiguo objeto de deseo, la actriz Desiree Armfeldt, interpretado por Glynis Johns (la madre de los niños de MARY POPPINS). Esta se lo plantea porque lleva muchos años de gira, sin ver a su hija, y está cansada del affair que tiene con el pomposo Conde Carl-Magnus. Desiree invita a la familia Egerman a un fin de semana en el campo, y termina apareciendo la nueva esposa de Frederik, el conde con la suya, el hijo de Egerman que está enamorado de su futura nueva madrastra, y entre tanto la madre de Desiree le cuenta a su hija que la noche de verano sonreirá tres veces—una para los jóvenes, una para los adultos y otra para los ancianos.

Tanto la ambientación, como la dirección y sobre todo la música de Stephen Sondheim, se creó en un look y sensación de opereta. La partitura está escrita en variaciones de un tempo de tres cuartos (como un vals) y hay muchos fragmentos cantados como si se tratase de una ópera, incluido el épico final de primer acto 'A Weekend In The Country'. La partitura incluye la mítica 'Send In The Clowns', que probablemente sea la más versionada de Sondheim, y que llegó a escribirse durante las previas fuera de Nueva York. Cabe destacar que este tema se hizo específicamente para el rango vocal de Glynis Johns, que era muy limitado, pero que enfatiza el hecho de que la música de Sondheim está escrita más para actores que para cantantes solo, que pueden aportar muchos más matices y verdad al subtexto de sus canciones. Con ella, una buena actriz puede demostrar su poder dramático ya que el carácter agridulce de la canción puede sobresalir por encima de cualquier limitación vocal. Valses, sexo, engaños, deseos prohibidos, duelos, muerte, y salvación, hacen que en A LITTLE NIGHT MUSIC haya de todo para todos. Fue muy bien en taquilla y repitió éxito en Londres con la actriz Jean Simmons como protagonista. En los Tony se llevó Mejor Musical, partitura, libreto, dirección, vestuario y Premios Tony para Glynis Johns y Patricia Elliot, que hacía de mujer del Conde Carl-Magnus. La versión cinematográfica está protagonizada por Elizabeth Taylor.

No se puede decir que la obra pasase desapercibida para la cultura popular, porque, de hecho, incluye su mayor éxito "mainstream", pero no trascendió. A pesar de que artísticamente fuese un éxito, aunque en taquilla fuese muy bien, tiene una versión cinematográfica, pero a excepción de 'Send In The Clowns', es una obra que no forma parte del repertorio popular.

En 2008 se repuso en Londres en la pequeña Menier Chocolate Factory, transfiriéndose después al West End y 2009 a Broadway protagonizada por Catherine Zeta-Jones. En junio de 2000 se estrenó en Barcelona una versión en catalán dirigida por Mario Gas e interpretada por Vicky Peña, Montserrat Carulla, Constantino Romero, Mònica López y Jordi Boixaderas, que llegó a Madrid en octubre de ese mismo año al Teatro Albéniz con el mismo reparto y en castellano.

Otro título que nace en esta era del musical conceptual y el metateatro es MAN OF LA MANCHA, en 1965, de Dale Wasserman, Mitch Leigh, y Joe Darion, basado en Don Quijote de Cervantes. La producción tuvo que estrenarse lejos del distrito teatral en una carpa temporal de la American National Theatre and Academy en Washington Square, aunque en 1968 se movió al Martin Beck Theatre de Broadway. El musical, originalmente de un solo acto, se ubica en una mazmorra de la inquisición española donde Miguel de Cervantes debe convencer a sus compañeros de celda que no destruyan el manuscrito de su novela, y para ello debe interpretarles la obra. Cervantes se convierte en Alonso Quijano, el Quijote (papel creado por Richard Kiley). Todo se desarrolla en un mismo escenario, usando elementos de escenografía que se convierten en carros, lanzas, y todo lo necesario para recrear las aventuras del ingenioso hidalgo. Sin duda se jugaba con la imaginación, invitando al público a formar parte de ese juego. Ganó 5 Tonys incluyendo Mejor Musical.

Cuando todavía estaba en cartel en Nueva York, en 1966, se estrenó en el Teatro de la Zarzuela de Madrid, producido y protagonizado por Nati Mistral, y fue tal el éxito que tuvo que luego se trasladó al Teatro Lope de Vega y al Calderón de Barcelona. La productora se tomó algunas licencias que dejaron perplejos a los autores americanos que vinieron a verla, porque en la versión original 'The Impossible Dream' lo canta Don Quijote y en la versión de Madrid lo cantaba Dulcinea. La respuesta del director, José Lopez Rubio, es que en España "las cosas se hacen así", y desde entonces los autores de este musical piden que todas las decisiones artísticas primero pasen por ellos.

Mistral repetiría el papel posteriormente en 1968 en el Teatro Cómico de Buenos Aires y en 1969 en México. Las 3 capitales han acogido numerosas reposiciones, entre otras la de Madrid de 1997 producida por Luis Ramírez, protagonizada por Paloma San Basilio y José Sacristán, con dirección de Gustavo Tambascio, que se estrenó en el Teatro Lope de Vega y que posteriormente viajó a Barcelona y a Buenos Aires en 1999.

Volviendo a Broadway, fue en esta época cuando se hizo más patente que el musical americano ya no era popular. Durante más de una década, la mayoría de los compositores habían ignorado con valentía el rock, como si fuera algo pasajero. Pero los jóvenes buscaban en esa música la manera de protestar contra la guerra de Vietnam, y Broadway quedaba como algo para viejos.

Por eso, en 1968, en el New York Shakespeare Theatre Festival se presentó HAIR, un musical rock americano de estilo libre, que rompió con las etiquetas y que estaba interpretado por un gran número de hippies que se oponían a la guerra, con moda casual, música rock, drogas experimentales y actitud sexual abierta. Trata sobre un joven que se divierte con el rock and roll hasta que recibe una llamada para alistarse en el ejército, y antes de ir a la guerra, se encuentra con una tribu de hippies que cantan sobre temas sociales como la pobreza, las relaciones entre razas, las drogas ilegales, el amor libre y Vietnam. Una explosión

de rabia, protesta y profanidad, que se estrenó en Broadway en 1968, incluyendo desnudos, lo cual atraía a bastante público, pero sobre todo incluyó varios hits que aún son himnos como 'Good Morning, Starshine', 'Aquarius' o 'Let The Sunshine In'. Fue un gran éxito, pero Broadway lo ignoró, y no recibió ningún Premio Tony. Con todo y eso, estuvieron 5 años en cartel, giraron por América y Europa. Broadway y la música popular volvieron a conectar durante un período corto, trascendiendo a lo mainstream. Precisamente esa gira europea paró por España en 1975 pero no se llamó HAIR, se tradujo como ROCK CLASICO DE LOS 60, y pasó por el Teatre Victòria de Barcelona. Después se ha producido repetidas veces y entre otras en 2010, dirigida por Daniel Anglès, basado en el revival de 2009 de Broadway.

Producción de Hair en Helsinki, Finlandia, 1969.

Con este ambiente hippy y de rock and roll, Stephen Schwartz entra en escena. Stephen Schwartz es el autor que actualmente todos conocemos por WICKED, pero que en los años 70, apenas un graduado en la Universidad, ya consiguió tener su primer gran éxito con GODSPELL. El musical nació como proyecto de fin de carrera como una revista, en el que se contaba el evangelio cristiano a través de un grupo de discípulos que seguían a un Jesús amable y con aspecto de clown, hasta el momento de la pasión. El musical llegó al corazón de muchos por su simplicidad, su carácter naïve, y éxitos populares como 'Day By Day'. El musical saltó a un teatro un poco más grande aun en el Off Broadway en 1971 y estuvo también en cartel durante 5 años, llegando a Broadway en 1976. A los 3 años llegó a Madrid, y tuvo hasta 3 compañías simultáneamente girando por España, dirigido por el autor original del texto en inglés, John Michael Tebelak. Como curiosidad en el reparto llegaron a estar Nacho Duato, Josema Yuste y Millán Salcedo.

Solo cinco meses después del estreno de GODSPELL en el Off Broadway, el director Tom O'Horgan ponía en pie una versión mucho más elaborada de la pasión y muerte de Cristo con la ópera rock JESUS CHRIST SUPERSTAR en octubre de 1971. Los autores eran Andrew Lloyd Webber y Tim Rice, que se presentaban así al público de Nueva York. Primero fue el concept álbum, para dar a conocer las canciones antes de que se produjese el musical, con el hit 'Getshemane', que ha sido versionado hasta la saciedad. La producción fue muy polémica porque este no era tan amable como GODSPELL. En Broadway no fue un éxito (no se llevó ni un Tony), pero en Londres estuvo del 72 al 80 y el salto al cine no se hizo esperar, con una popular versión cinematográfica en 1973 con el famoso Ted Neeley como Jesús. Aunque el Teatro Musical Americano le estaba diciendo que no a un éxito europeo, la victoria era patente. El título es uno de los más conocidos del género, instalándose en el imaginario popular rápidamente.

En España el primero que lo trajo fue Camilo Sesto, que lo produjo y protagonizó en el 75. Le siguieron dos versiones, una al poco tiempo, en 1984 y luego la de 2007 de Stage Entertainment.

El siguiente proyecto de Schwartz en Broadway fue PIPPIN, en 1972, donde mezcló rock contemporáneo con formas más tradicionales de comedia musical. El libreto trata sobre cómo el hijo mayor del Emperador Carlo Magno intenta buscar su camino en la vida, y aprendiendo que al final la guerra, el sexo y otros entretenimientos populares no dan tanto placer como formar una familia. En la producción Ben Vereen creó el rol del Leading Player que, junto a su troupe de juglares, guía a Pippin por su viaje, en un tono cada vez más amenazante a medida que la acción progresa. El musical se llegó a representar en España en el Teatro Pavón de Madrid en 1988, por una compañía vasca, subvencionado por el Gobierno del País Vasco.

En estos títulos, PIPPIN, GODSPELL, HAIR y MAN OF LA MANCHA, sus protagonistas se hacen preguntas, como los propios autores. Hay un aprendizaje

por el que pasan los personajes del show, enseñándonos los beneficios potenciales y a veces los riesgos de asumir roles. Para Cervantes convertirse en el protagonista de su propia historia igual que para Pippin buscar su lugar en la vida. Los autores de esta corriente de musicales pretenden poner un espejo sobre el escenario para que el público se vea en él. Esto es, como en CABARET, lo que caracteriza al posmodernismo.

Bob Fosse fue el coreógrafo y director de PIPPIN. El choque entre un Schwartz muy naïve e inexperto y un Fosse que con ya 44 años sabía cómo llevar todo a su terreno fue inevitable. Las discusiones fueron en aumento, y Schwartz admite en su biografía cómo el show cada vez le pertenecía menos. Fosse consiguió que PIPPIN se saliera de lo habitual con números cercanos al vodevil. Muy pocos creativos pueden compararse al éxito que tuvo Bob Fosse en 1972—ganó el Oscar por CABARET, ganó el Emmy por LIZA WITH A Z y el Premio Tony por PIPPIN. En 2013 Diane Paulus, responsable del revival de HAIR, dirigió un revival espectacular de PIPPIN ganador del Tony con una espectacular Patina Miller, como Leading Player.

Sin embargo, el musical rock más exitoso de la década (y se podría decir de la historia, al menos en lo que a pop rock y musical se refiere) fue GREASE, una comedia musical tradicional estrenada en 1972 que recuperaba el sonido rock and roll de los 50. Los creadores Jim Jacobs y Warren Casey no se esperaban que su obra fuese a ser el bombazo de taquilla que fue. No solo el musical, sino la película con Olivia Newton-John y John Travolta de 1978 popularizó la obra de tal manera que estuvo en cartel hasta bien entrados los 80. Curiosamente, GREASE estuvo el mismo tiempo en cartel en Broadway que JESUS CHRIST SUPERSTAR en Londres, 8 años, demostrando así que en USA necesitaban esa inyección de nostalgia, y que esta es una fórmula que siempre funciona, mientras que en Europa en general, la ópera rock apelaba al mismo sentimiento popular que la opereta.

En España la vimos por primera vez en el 99 de la mano de Luis Ramírez, y después 2 veces con gran éxito en 2006 y 2011 primero bajo la dirección de Ricard Reguant y una más dirigida por Coco Comín. En 2021 SOM Produce ha puesto en pie una nueva producción protagonizada por adolescentes estrenada en el Nuevo Teatro Alcalá.

También hay que comentar que hubo una breve moda de musicales "all-black" en los 70. A destacar PURLIE (1970), RAISIN (1973) y sobre todo THE WIZ, en 1975, una revisión de EL MAGO DE OZ, con partitura de Charlie Smalls donde se mezcló el rock y el soul en temas como 'Ease On Down The Road' y donde brillaron

Stephanie Mills como Dorothy y André de Shields como el Mago. Ganó el Tony al año siguiente. En 1978 se hizo una versión cinematográfica con Diana Ross y Michael Jackson que no hizo justicia al material original.

A pesar de que nació en el Off, hay que hablar del fenómeno que fue el ROCKY HORROR SHOW en 1973. Se estrenó en la buhardilla del Royal Court Theatre de Londres, haciendo parodia de las películas de ciencia ficción con una partitura hard rock implacable. Un éxito que se mantuvo en cartel 2960 funciones, aunque en Broadway fue recibido en el Belasco Theatre con bastante frialdad. No así la versión cinematográfica de 1976 con el original Frank N Furter Tim Curry que se convirtió rápidamente en un clásico de culto para público británico y americano. En Madrid la primera versión, puramente teatral, sin proyección de la película, se estrenó en la discoteca Cerebro de Madrid, cerrada ya, que estaba en la Plaza de los Cubos, en 1975.

En 1973 Bob Fosse y Gwen Verdon propusieron a John Kander y Fred Ebb, autores de CABARET, hacer un musical basado en la obra de 1926 sobre dos mujeres que habían asesinado a sus maridos que manipulaban una sociedad hambrienta de sensacionalismo, un musical que terminó siendo CHICAGO. Este fue un proyecto que tanto Fosse como Verdon persiguieron durante muchos años. Verdon no había tenido ningún éxito durante mucho tiempo, desde SWEET CHARITY, y necesitaba un título que la devolviese a la cartelera. Ella había sido la mujer detrás del hombre durante muchos años, sacrificando su carrera por la de Bob Fosse, y siendo su musa a pesar de que éste le era infiel y estaba muy enfocado en los proyectos que tenía entre manos. Por fin, en 1975 surgió la oportunidad gracias a la persistencia de Verdon, de poner en pie el musical y llevarlo al mismo teatro donde habían estrenado DAMN YANKEES muchos años atrás, en el Alvin Theatre.

Como había pasado con PIPPIN, la visión de Fosse fue fundamental por encima del acercamiento que los autores habían hecho del material. Los protagonistas de la producción original fueron Chita Rivera como Velma Kelly, Gwen Verdon como Roxy Hart y Jerry Orbach como Billy Flynn.

El show se cuenta desde un estilo de vodevil, metateatral, y va desde una narrativa tradicional hasta un musical conceptual. Cada uno de los personajes se presentan con una canción, como si fueran las estrellas de vodevil, y van haciendo que la historia avance, hasta que el show culmina en el juicio de Roxy Hart y la línea narrativa desaparece para convertirse en la apoteosis del show. No tuvo buenas críticas y duró poco en cartel, pero 21 años más tarde, en 1996, en el New York City Center se repuso co-dirigido por la novia de Bob Fosse, Ann Reinking.

Esta producción, mucho más directa y libre de aderezos, sí que consiguió captar la esencia del musical, y probablemente llegaba en una época mucho más adecuada para entender la farsa y la crítica que el show hace de la sociedad americana y el sistema judicial, algo fundamental. Sigue en cartel, en Broadway, 23 años después, siendo el musical con mayor permanencia después de THE PHANTOM OF THE OPERA. Por supuesto, no nos podemos olvidar de la versión cinematográfica en 2003, dirigida por Rob Marshall, y protagonizada por Renee Zellweger, Catherine Zeta-Jones y Richard Gere, ganadora de 6 Premios Oscar.

Argentina fue el primer país en acoger una versión en español, con una producción de Alejandro Romay en 1977, en el Teatro El Nacional de Buenos Aires, con Ámber La Fox como Velma y Nélida Lobato como Roxie. El revival de Broadway con coreografía de Ann Reinking llegó en 2001 a los escenarios porteños, y de nuevo en 2010. En Mexico se pudo ver por primera vez en 2001, producido por OCESA, protagonizado por Sandra Guida como Velma Kelly y Bianca Marroquín como Roxie Hart, que posteriormente repitió el papel en Broadway en 2002, y desde entonces ha repetido el papel en diversas producciones en todo Norte América. En 2019 el musical regresó a Ciudad de México.

En España se pudo ver por primera vez en 1997, dirigido por Coco Comín, en una versión en catalán, después en 1999 con dirección de Ricard Reguant, y protagonizado por Àngels Gonyalons y Mar Regueras. Las coreografías fueron recreadas por Barry McNabb a partir de las originales de Bob Fosse. En 2009, Stage Entertainment trajo el revival de Broadway protagonizado por Natalia Millán, Manuel Bandera y Marcela Paoli, con gira posterior desde 2010 a 2011.

Bob Fosse falleció la noche del estreno del revival de SWEET CHARITY en Washington en 1985, y la leyenda cuenta que lo hizo en los brazos de Gwen Verdon en la puerta del teatro. La relación de ambos genios está perfectamente reflejada en FOSSE/VERDON, donde se describe su vínculo personal y profesional.

Otro director que aportó una visión diferente al panorama tradicional de Broadway fue Michael Bennett. Había sido el coreógrafo en COMPANY y en FOLLIES, con contribuciones vitales a ambos shows. En 1973 comenzó a desarrollar nuevos trabajos por su cuenta y la más importante fue A CHORUS LINE. La idea nació de dos bailarines del coro que se le acercaron para proponerle desarrollar un musical basado en experiencias reales suyas. Fue fundamental la ayuda de Joseph Papp, fundador del New York Shakespeare Festival y el Public Theater, donde se desarrolló un taller del proyecto.

El Public Theater es un teatro "non-for-profit" donde tanto A CHORUS LINE como HAIR tuvieron la oportunidad de crearse sin presión comercial, y pertenece al circuito Off Broadway. "Non-For-Profit" significa sin ánimo de lucro, un tipo de teatro que se sustenta en los donativos y abonos de sus socios y gracias a eso los artistas pueden crear y experimentar. El origen del Off ha sido siempre un signo de rebelión en contraposición a los musicales que tienen que ser comerciales para ser sostenibles. En el Off un show puede ofrecer un cambio en lo que se ha visto siempre y probar sin riesgo de perder dinero.

En A CHORUS LINE destaca la música de Marvin Hamlisch, que fue responsable de éxitos como 'The Way We Were', de Barbra Streisand, y en este musical mezcló el pop contemporáneo de los 70 con el sonido de Broadway y del show business.

Como es característico en los musicales conceptuales, este show gira en torno al baile, y un evento: Los castings para el coro de un musical de Broadway, en el que el director pide a los bailarines, desesperados por encontrar trabajo, que compartan sus recuerdos más privados y sus demonios internos. Se quiere honrar la figura de los "underdogs", de esos héroes que pasan desapercibidos pero que salvan el show, la satisfacción individual que se encuentra al formar parte de un grupo, de un equipo, y finalmente se explica por qué todo esto se hace por amor ('What I Did For Love').

El show fue un éxito a todos los niveles, pero lo que se ha mantenido para siempre ha sido la puesta en escena tan característica de Michael Bennett. La coreografía de 'One' es sinónimo de Broadway, de brillo y glamour, y la imagen de la línea de coro, todos vestidos con chistera y levita dorados rezuma estilo. A medida que la línea de coro abandona el escenario al final del show, en lugar de quedarse a recibir los aplausos, las luces van apagándose ya que, según Bennett, "No hay aplausos. No creo en los aplausos, solo en el fundido a negro. Eso es la vida de un bailarín."

Al saltar a Broadway en 1975, se convirtió en el show más vendido gracias al boca oreja, llegando a ser un fenómeno nacional como no se había visto en años. A CHORUS LINE consiguió los premios más grandes: El Pulitzer y 9 Tony, incluyendo Mejor Musical, Mejor Director y coreógrafo, y Mejor actriz para Donna McKechnie, que se casó con Bennett después de estrenar el show. El musical estuvo 15 años en cartel, rompiendo todos los récords de permanencia hasta entonces. Actualmente es el sexto musical en el ranking de shows que más tiempo han estado en cartel.

Al igual que con CHICAGO, en 1980 Alejandro Romay fue el primero en producir la versión en español de A CHORUS LINE en el Teatro El Nacional de Buenos Aires, con Roy Smith como director y coreógrafo, que repetiría su trabajo posteriormente en 1982 en México y en 1984 en el Tívoli de Barcelona, con adaptación al castellano de Nacho Artime y Jaime Azpilicueta, pero con compañía procedente de Estados Unidos, al no encontrar candidatos locales adecuados.

Antonio Banderas inauguró su Teatro del Soho en su ciudad natal, Málaga, el 15 de noviembre de 2019 con A CHORUS LINE, dirigiendo el montaje junto a Baayork Lee, una de las protagonistas de la producción original de Broadway que ha sido responsable de múltiples réplicas en todo el mundo. En este caso, el reparto sí que fue local y formado por grandes profesionales del musical no solo de España sino de fuera, como la actriz mexicana Estibaliz Ruiz en el papel de Diana. Banderas también estrenó la obra, en una producción que replicó la producción original de Broadway al detalle, en el papel de Zach. La gira posterior se vio paralizada por la pandemia de 2020 y se retomó en 2021, con su estreno en el Calderón de Madrid a finales de año.

El último gran hit dirigido por Bennett fue DREAMGIRLS (1981), que cuenta la historia de un grupo del sello Motown, sospechosamente parecido a la historia de las Supremes y Diana Ross. En la temporada 81-82 DREAMGIRLS compitió con NINE, de Maury Yeston y protagonizado por un estupendo Raúl Julia. El Tony a Mejor Musical se lo llevó NINE y supuso un capítulo muy polémico en la historia de Broadway que relata Michael Riedel en el libro 'Razzle Dazzle'. NINE volvió a reponerse en 2003 en el Eugene O'Neill Theatre, con un reparto de lujo encabezado por Antonio Banderas como Guido y con una lista de grandes damas que le acompañaron como Laura Benanti, Chita Rivera o Jane Krakowski, y se ha podido ver en España en 2018 de la mano de Showtime Producciones.

En 1987, Michael Bennett falleció a causa del SIDA. A raíz de ello un grupo de productores se unieron para establecer juntos BROADWAY CARES, y a la vez nació la asociación por parte del sindicato de actores EQUITY FIGHT AIDS, que se unieron en BROADWAY CARES / EQUITY FIGHT AIDS, recaudando desde entonces más de 190 millones de dólares, para la investigación y cuidado de enfermos de SIDA.

El musical tradicional que consiguió destacar en esta década de los 70 fue ANNIE, escrito por Charles Strouse que ya había captado la atención en 1970 con APPLAUSE. Estrenado en 1978, a primera vista puede parecer una comedia musical pasada de moda, ramplona pero bien construida. Sin embargo, el show buscaba rescatar valores en una época azotada por la corrupción política y por la desilusión pública. Éxitos como 'It's a Hardknock life' o 'Tomorrow' dan voz a este show, protagonizado por Andrea McArdle con tan solo 13 años que presentó este himno de Broadway, con un sutil ritmo rock. Estuvo en cartel 7 años, demostrando que el público de la época lo que necesitaba no era una sátira estilo vodevil como CHICAGO sino un cuento esperanzador como ANNIE. 6 premios Tony para este musical de Broadway para todas las edades, que costó 650.000 dólares y ganó 100 millones. Ha habido varias versiones cinematográficas, incluyendo una producida por Disney con Audra McDonald y Víctor Garber.

Desde 1979, que se estrenó por primera vez en México, ANNIE ha tenido varias versiones en `español, en Madrid en 1981 y en Buenos Aires en 1982. Desde entonces han sido muchas las ocasiones que se ha repuesto este clásico, siendo la más reciente la de 2020 de Theatre Properties de gira por España.

Pero no nos engañemos: La situación en Broadway, con este título en concreto, que estaba operando con millones de dólares, se movía en un vacío cultural. El sonido popular entonces era el rock y el disco, estilos que solo tenían una presencia meramente anecdótica hasta el momento en Broadway. Cayeron las ventas de cast recordings tanto que algunos sellos discográficos se negaron a grabar más títulos. A la par la inflación subió hasta 400%, haciendo que lo que en 1970 costaba producirse 250.000 dólares, a finales, en 1979 costaba 1 millón. Eso suponía que ni con una gira provechosa de 2 años se recuperaban los costes. Algunos culpaban la economía volátil, pero la realidad es que Broadway había entrado en barrena. Necesitaba una fuerza que le impulsara en una nueva dirección. La fuerza ya había llegado y no era precisamente americana.

LA INVASIÓN BRITÁNICA Y EL
MUSICAL CORPORATIVO

En 1979 surgió el primer round entre los dos compositores más importantes del Teatro Musical a finales del Siglo XX: Stephen Sondheim y Andrew Lloyd Webber. Ambos ya habían demostrado con creces sus dotes—Sondheim había escrito musicales como COMPANY o FOLLIES, sin repercusión global, y Webber tenía en su haber un éxito internacional como JESUS CHRIST SUPERSTAR, que había compuesto con Tim Rice. The Lord and The Master. ¿Quién fue el ganador? Depende del punto de vista.

Con la estructura convencional de un melodrama victoriano y la puesta en escena de un gran guignol, Stephen Sondheim estrenó SWEENEY TODD en 1979, dirigido por Harold Prince, y protagonizado por Len Cariou como el barbero sanguinario de Fleet Street y una Angela Lansbury enloquecida como su ayudante y casera Mrs. Lovett. El musical trata sobre la búsqueda de la venganza a cualquier precio, con un tono oscuro y operístico que ningún otro espectáculo ha conseguido. El final del primer acto termina con los protagonistas especulando a quién pueden convertir en rico pastel después de pasarlo por la cuchilla de afeitar, un número cómico brutal llamado 'A Little Priest' en el que el público no puede evitar reírse de los chistes, a pesar de estar hablando de canibalismo. El espectáculo ganó 7 Premios Tony en la Edición de 1979 pero perdió mucho dinero, ya que estuvo en cartel solamente 557 funciones, apenas dos temporadas.

Sucesivos revivals y una pobre versión cinematográfica dirigida por Tim Burton con Johnny Depp como Sweeney, han demostrado a la larga la maestría del material y la devoción del público por la obra. En España se estrenó en Barcelona y Madrid en 1995 dirigido por Mario Gas y protagonizado por Vicky Peña y Constantino Romero, en una producción que se repuso en 2008. A destacar el revival de 2005 protagonizado por Patti LuPone como Mrs. Lovett y dirigido por John Doyle, en el que, de nuevo, todos los actores tocan también instrumentos, y el revival inmersivo en el Off Broadway de 2017 que superó en permanencia al original, y que estaba ambientado en una pastelería.

El mismo año del estreno de SWEENEY TODD, y dirigido por el mismo genio (Hal Prince), un musical muy diferente llegó desde Inglaterra con tanto bombo que ya habrían querido Gilbert y Sullivan, los padres de la opereta. Siguiendo el modelo que ya habían iniciado con JESUS CHRIST SUPERSTAR, aunque a Webber no le gustaba el proyecto, con su socio y letrista Tim Rice iniciaron EVITA, su propia versión de la vida de Eva Perón. Siguieron la misma estrategia que con JESUS CHRIST, lanzando primero el concept álbum y de ahí extraerían el que sería su segundo gran éxito, primero pulido en el Prince Edward del West End del 1978 hasta 1986.

En la producción teatral original rebajaron los elementos rock con respecto al concept álbum y afinaron el foco del libreto, añadiendo un toque disco para expandir las posibilidades comerciales de la partitura. La protagonista era una actriz que tenía en su haber títulos como HAIR, Elaine Paige, y se convirtió inmediatamente en una estrella en Londres. Al año siguiente llegó al Broadway Theatre como un éxito estiloso e ingenioso, con una debutante Patti Lupone como la Primera Dama, ya que se rumorea que el Sindicato de Actores no dejó a Elaine Paige estrenarlo en Broadway por no ser americana, y Mandy Patinkin como el narrador, el Che Guevara. Escenográfica y tecnológicamente, fue un triunfo súper calculado y puro entretenimiento, a veces por encima de su significancia y profundidad, como si de un Follies de Ziegfeld se tratase. Nos queda claro que Eva Perón fue una trepa, pero no se matiza.

Por supuesto, hay que mencionar la versión cinematográfica de EVITA, protagonizada por Madonna y Antonio Banderas, dirigida por Alan Parker y a la que añadieron 'You Must Love Me', que se hizo específicamente para que pudiera estar nominada a los Oscars, que ganó, junto al Globo de Oro, en 1997. El público lo disfrutó, y ganó 7 Premios Tony igual que SWEENEY, manteniéndose en cartel 3 veces más, un total de 1500 funciones, y llegó a ser un éxito masivo con producciones en todo el mundo.

Queda patente la victoria, por lo tanto, de lo material sobre lo espiritual. Es el éxito del megamusical, y así nació, con sus características muy claras, que se repetirían en los grandes musicales durante años:

- Son sung-through: Todo cantado, con poco o nada de diálogo.
- Las canciones y las emociones son a lo grande, llamativas y rimbombantes.
- Lo que define a un personaje se canta más que se representa, para que quede claro.
- La música es pop-rock, pero puede incorporar varios estilos; no refleja el sonido de una era en particular.
- Los argumentos son melodramáticos, con humor mínimo.

- Todas las producciones profesionales son réplicas exactas (o A+), franquicias.

Con esta propuesta, la riqueza que habían ganado los musicales conceptuales se queda en segundo plano y el público prefiere el espectáculo y las melodías exuberantes, con sentimiento de culebrón. No hacen falta tampoco grandes nombres en los protagonistas, porque el show es el protagonista. SWEENEY TODD fue a pérdidas y EVITA fue una máquina de hacer dinero. La elección de la forma sobre el contenido marcaría el rumbo del musical en Broadway y en todo el mundo en lo que quedaba de siglo.

Los autores americanos continuaron apostando por el tipo tradicional. Después de 16 años desde que estrenaron juntos HELLO, DOLLY!, David Merrick y Gower Champion se reunieron en la versión teatral de 42ND STREET. Enterraron el hacha de guerra, porque habían acabado muy mal después de DOLLY, y se pusieron manos a la obra con la historia clásica de la sustituta novata que salta a la fama cuando la primera dama se rompe un tobillo. Se estrenó en el Winter Garden Theatre en 1980. El momento mítico viene después de la obertura, cuando varias voces en off comentan que un gran productor está preparando un nuevo show y que las audiciones comienzan al día siguiente. En ese momento el telón se levanta ligeramente para descubrir a 50 pares de pies haciendo tap al unísono. Igual que la bajada por las escaleras de HELLO, DOLLY!, Champion había creado otro número característico asociado a un musical, que se debería hacer siempre que se hiciera 42ND STREET.

Estuvo en cartel casi 10 años, con sold out prácticamente continuo debido a la polémica de la noche del estreno en la que el productor salió a anunciar en los aplausos finales que el director Gower Champion había muerto ese mismo día. Merrick sin embargo, sabía cómo jugar sus cartas, y que las cámaras de TV y reporteros capturaran la noticia sensacionalista que haría llegar el nombre del show mucho más lejos de lo que esperaba, a nivel nacional. 42ND STREET inicialmente fue un tributo a la memoria de Gower, pero Merrick al final terminó quitando su nombre de los carteles y poniendo David Merrick's 42ND STREET.

En los 80 se estrenaron muchos títulos de autores reconocidos como BARNUM (1980, Cy Coleman) o WOMAN OF THE YEAR (1981, Kander & Ebb). Destacan en esta década dos flops históricos por razones diferentes: MERRILY WE ROLL ALONG, en 1981, que fue la última colaboración entre Sondheim y Prince. Un musical demasiado revolucionario para la época (se contaba de final a principio) y con una puesta en escena poco inspirada, que estuvo solo 16 funciones en cartel.

Y CARRIE, en 1988, que fue una megaproducción británica basada en la novela de Stephen King, que duró únicamente 5 funciones en cartel.

Flops aparte, algo estaba faltando para que los musicales realmente permaneciesen. Había grandes éxitos, pero ninguno tuvo cast recordings en la lista de éxitos de ventas, y además estaban dando pérdidas. Los presupuestos eran millonarios, y el coste del día a día se hizo tan alto que terminaban por cerrar rápido. Hacía falta una solución rápida para resucitar el género y volvió a venir desde Reino Unido.

Después de partir panes cordialmente con Rice, Andrew Lloyd Webber comenzó con su propio proyecto, CATS, una versión musical del poemario de T.S. Eliot 'Old Possum Book of Practical Cats'. Webber se había asociado nada más y nada menos que con la Royal Shakespeare Company y su director Trevor Nunn, con producción de Cameron Mackintosh. La dramaturgia era bastante vaga: Un grupo de gatos se reúnen en un callejón, y después de que cada uno cuente su historia, uno de ellos subirá al cielo de los gatos. La música de Webber era sobre todo pop con alguna traza de ópera y vodevil. Casi todas las palabras eran de T.S. Eliot, excepto el hit del musical, 'Memory' la canción que Webber escribió para un personaje que se habían inventado él y Nunn: Grizabella, que interpretaría Elaine Paige, conocida por EVITA, una gata glamurosa que había caído en el olvido al perder su belleza, y que después de cantar su canción sobre la esperanza perdida es elevada al cielo de la mano del Viejo Deuteronomio. Sarah Brightman, formó parte del elenco original de Londres de CATS, y era Jemima, la gata blanca. Precisamente estando en CATS se casó con Andrew Lloyd Webber en 1984 y años más tarde fue la protagonista de THE PHANTOM OF THE OPERA.

El diseñador John Napier se inventó un set que se asemejaba a un callejón con basura tamaño XXL. Para los británicos, el baile nunca había sido un elemento dramáticamente coherente, como lo había entendido Agnes DeMille en su momento, y después Jerome Robbins o Michael Bennett, pero la gran Gillian Lynne impresionó a las masas con sus bailes, que eran algo entre contemporáneo y calentamientos de aerobic. Ella puso a bailar a los gatos y años más tarde a los habitantes de la ópera de Paris. CATS se estrenó en 1981 y estuvo en cartel 21 años, rompiendo todos los records en el West End hasta la época.

Al año siguiente, Webber y su socio el productor Cameron Mackintosh iniciaron lo que sería la invasión británica definitiva. Llegaron a la oficina de la Organización Shubert, dueños de los mayores teatros de Broadway, porque querían el Winter Garden Theatre, pero ahí estaba 42ND STREET, que seguía pegando muy fuerte.

Andrew Lloyd Webber & Sarah Brightman, 1985.

Finalmente los Shubert hicieron un movimiento estratégico cambiando 42ND STREET al Majestic y dando paso a CATS en 1982 en el Winter Garden. Los críticos de Broadway se quedaron atónicos frente a semejante espectáculo, pero este musical consiguió la mayor preventa de la historia hasta ese momento.

No es un book musical, ni conceptual, ni revista. La música es original y las canciones tienen que ver con lo que se cuenta en la historia... por ligera que sea. Era un show original, diferente, que nadie había visto antes y nadie se quería perder. Ganó 7 Tonys y CATS se quedaría en el Winter Garden durante 18 años, con más de 7000 funciones, superando a A CHORUS LINE. A día de hoy es el cuarto musical en permanencia en la historia de Broadway.

Lo más revolucionario de CATS era el marketing. Por fin llegó la solución para que Broadway pudiera volver a estar en boca de todo el mundo, volviese a las noticias, y el mercado del show business se recuperara. Cameron Mackintosh, consiguió que el logo creado por Dewynters (los dos ojos felinos con los iris en forma de bailarines) estuviera plasmado en todas partes—en tazas, en figuritas, en libros, en tarjetas de felicitación, ... El logo de CATS se asociaba a la experiencia teatral que se vivía al ver el musical. Se asociaba a 'Memory', se asociaba a los gatos bailarines, a todo lo que tenía que ver con el show.

Con este producto, al igual que una franquicia de McDonalds, CATS se extendió por todo el mundo, con producciones desde Viena a Buenos Aires, pasando por Madrid y México, y por toda Norte América. Era la fiebre de CATS. Era esa rareza de musical a la que podías llevar a toda la familia. Aunque a uno le pueda gustar más o menos, CATS llegó a millones de personas e hizo millones de beneficio.

Así el megamusical había dado un gran paso desde lo que había iniciado EVITA unos años antes, y pocos se dieron cuenta de cómo estos megamusicales estaban siguiendo la tradición de un ancestro que ya antes había copado los escenarios de Broadway: La opereta—grandes melodías y emociones elevadas.

La respuesta americana en la temporada siguiente, en 1983-84 fue SUNDAY IN THE PARK WITH GEORGE, el primer trabajo de Sondheim con James Lapine, que examinaba el reto al que se enfrenta un artista a nivel comercial y emocional. Basado en el cuadro de George Seurat 'Tarde de Domingo en la Isla de la Grand Jatte', el musical estaba protagonizado por Mandy Patinkin como George y Bernadette Peters como su amante Dot. No es un show fácil, pero tiene más argumento en una página que todo el libreto de CATS y supuso una declaración de intenciones por parte de Sondheim con respecto a Broadway y acerca de su experiencia como creador. No ganó tantos Tony como CATS, pero si ganó el Pulitzer al Mejor Drama de ese año. Tuvo un importante en 2008 en Broadway

que provenía de la Menier Chocolate Factory de Londres y en 2017 otro protagonizado por Jake Gyllenhaal como George.

El mismo año se estrenó LA CAGE AUX FOLLES, el gran retorno de Jerry Herman a Broadway. En este caso usaba melodías a la antigua usanza, pero centrando el foco en algo tan atrevido para la época como una pareja gay que tiene que asumir que su hijo se casa con una chica cuyos padres son ultraderechistas y homófobos. Recibió el Premio Tony a Mejor Musical y Mejor Partitura, además del Mejor Actor para George Hearn por su Albin, con el que presentó un himno gay como 'I Am What I Am' y una canción que devolvió el optimismo de Herman a Broadway— 'The Best Of Times Is Now'.

Argentina fue de nuevo el primer país donde se estrenó una versión española de este éxito de Broadway. En 1986 el actor Carlos Perciavalle produjo y protagonizó LA JAULA DE LAS LOCAS, siguiéndole en 1992 la producción mexicana de Silvia Pinal y en 2001 la española protagonizada por Andrés Pajares y producida por Luis Ramírez. En 2018 el musical se volvió a poner en pie en Buenos Aires y en Barcelona, siendo esta última producción de Nostromo Live que protagonizó Àngel Llàcer como Albin.

Después de estrenar CATS en Broadway, Cameron Mackintosh quería estrenar algo que realmente le apeteciese hacer, un show que le llenase como productor. Había caído en sus manos una demo en francés de una versión musical de la novela de Víctor Hugo LOS MISERABLES. La obra estaba escrita por Alain Boubil y Claude Michel-Schönberg. Mackintosh reunió a un equipo liderado por Trevor Nunn y su director asociado John Caird para adaptar la obra al inglés. En octubre de 1985 Cameron se asoció a la Royal Shakespeare Company (como con CATS) y aunque al principio la acogida de la crítica no fue buena, el público alucinó con los grandes protagonistas, Colm Wilkinson como Valjean y Patti LuPone como Fantine, entre otros, con el diseño de escenografía de John Napier que incluía el famoso giratorio, y con el portentoso elenco. En diciembre de 1985 la producción del Barbican Theatre se trasladó al Palace Theatre donde estuvo 23 años, superando a CATS. Como ejemplo de los beneficios que obtuvieron los creativos, a los adaptadores les correspondía un 1% del total, y en 1997 cada uno había conseguido ya 10 millones de libras.

Al igual que con CATS, el cartel de LOS MISERABLES tenía identidad por sí mismo, con la ilustración de la pequeña Cossette frente a la bandera francesa. Era el material perfecto para una campaña de marketing apta para su impacto global. Este cartel se adaptaría a todos los países donde se llevó y se estampó en toda clase de souvenir, obra de Mackintosh. Pero una vez dentro, la experiencia teatral si que era algo de mayor calidad que los megamusicales que se habían visto hasta el momento. Era una historia emotiva, un buen libreto, repleta de éxitos, de hits que llegarían a todas las listas de éxitos como 'I Dreamed a Dream', 'Do You Hear The People Sing', 'One Day More' o también 'On My Own'. Solamente Patti LuPone recibiría un Olivier por su Fantine, pero el éxito era sólido en taquilla, lo suficiente para su salto a Broadway.

Con una preventa de 11 millones de dólares, el musical se estrenó en el Broadway Theatre en marzo de 1987, con Wilkinson y Ruffelle repitiendo los roles de Londres, gracias a que Cameron Mackintosh se plantó frente al sindicato de Actores (Actor's Equity), que quería abrir audiciones para todos los papeles incluidos estos dos, y Sir Cameron dijo que o dejaba estrenar con Colm Wilkison o no se estrenaba LOS MISERABLES en Estados Unidos. Una legión de fans en todo Norte América acogió el musical y en la gala de entrega de los Premios Tony 1987 se llevó 8 Premios incluyendo Mejor Musical, el primero en la historia para un equipo europeo. LOS MISERABLES estuvo en cartel hasta 2003. En esa misma ceremonia, Webber se encontró a Hal Prince en el backstage y le preguntó qué quería hacer como siguiente proyecto. Prince dijo que "un musical romántico." Con ese nuevo proyecto, en la temporada 1987-1988 se puso de nuevo en evidencia de nuevo el contraste entre el trabajo del Lord y del Master. De la escuela británica y la americana.

Bajo el amparo y producción de Cameron Mackintosh, con dirección de Harold Prince, Andrew Lloyd Webber estrenó THE PHANTOM OF THE OPERA en Londres en el Her Majesty Theatre en 1986, donde se ha representado hasta el comienzo de la pandemia y después del confinamiento. Tras su debut en el West End, con un espectacular Michael Crawford como Fantasma y una mítica Sarah Brightman como Christine, los fans de Broadway ya iban con su cast recording en la mano y gran expectación por ver y escuchar en directo la ambiciosa partitura. Webber insistió que tenía que estrenarse en el Majestic. Al igual que años antes CATS había hecho que 42ND STREET se fuera del Winter Garden, Mackintosh consiguió que 42ND STREET se fuera del Majestic. El musical americano tenía que agachar las orejas y reconocer la evidencia. Y para fanfarronear aún más, en las entrevistas Mackintosh decía que Nueva York era una parada más de la gira americana. Tardó en estrenarse 2 años, pero batió récords de preventa, incluso por encima de LOS MISERABLES, con precios de entrada que ya superaban los 45 dólares.

El argumento, puro culebrón: El misterioso fantasma que aterroriza a la compañía de la Ópera de Paris a finales del Siglo XIX (de ahí gran parte del sonido de Webber, descaradamente opereta), controlando a la inocente soprano Christine Daae. La arrolladora partitura es el centro, adornado por la espléndida producción de Harold Prince, que al igual que con EVITA, conseguía el triunfo de la forma sobre el contenido. Una escenografía masivamente barroca, incluyendo un candelabro que se arroja sobre el escenario función tras función. Al precio de la entrada, había que sumarle el del recuerdo que se compraba a la salida en la tienda de merchandising—se añadía la máscara del Fantasma a la lista de épicos logos de DeWynters, que más que teatral era corporativo, y que a día de hoy se asocia a Broadway más que ningún otro.

Tanto LOS MISERABLES como THE PHANTOM OF THE OPERA han viajado por las capitales del musical en español en varias ocasiones con gran éxito, siendo la primera versión en español de LOS MISERABLES la de Madrid de 1992 y la primera de THE PHANTOM la de México en 1999, de la mano de la productora CIE, entre otros, que posteriormente también participó en la madrileña de 2002.

En la otra esquina del cuadrilátero, Stephen Sondheim colaboró con James Lapine para escribir INTO THE WOODS en 1987, un show en el que se combinaban inteligentemente varios cuentos de hadas para ilustrar que ninguno de sus personajes acaba comiendo perdices, que el felices para siempre es solo una promesa que no se cumple, pero con el mensaje esperanzador al final de que 'No One Is Alone.' Dentro del argumento que enlazaba los cuentos de hadas, estaba la historia de la bruja (Bernadette Peters) que manipulaba a sus vecinos, el panadero (Chip Zien) y su mujer (Joanna Gleason), que tienen que ir a buscar varios elementos al bosque para poder concebir a su hijo.

Sondheim recibió el Tony a Mejor Partitura, Lapine el de Mejor Libreto y Gleason el de Mejor Actriz. Y ya. Duró dos temporadas. 3 décadas después THE PHANTOM OF THE OPERA aún sigue en Broadway (donde se puede ver la producción original) y en Londres, incluso a pesar de una nefasta versión cinematográfica. No es que Sondheim hubiese perdido su toque, y de hecho su técnica escribiendo había llegado a un punto álgido con un trabajo de los personajes y una profundidad como nunca antes había conseguido. El problema era que el público ahora quería otra cosa—para ver y disfrutar un musical de Webber no hace falta tener experiencia previa como público teatral, no profundiza en los personajes ni en las tramas. El espectador simplemente se sienta y disfruta de un espectáculo, con un argumento intenso y una música fácil de entender: Los chicos buenos siempre son tenores y los malos son los barítonos, con la dama en apuros siempre siendo una soprano. Las melodías bonitas son canciones de amor, y como hay poco humor, no te pierdes ningún chiste, lo cual hace que el lenguaje no sea un impedimento y así puede llegar a más público.

El musical Broadway se estaba convirtiendo en uno de los mayores reclamos de la ciudad de Nueva York para los turistas, que quizá no habían ido antes al teatro pero que desde entonces quizá volverían a ir, y la máscara del Fantasma se asocia a Broadway como ningún otro logo. Algunos decían que los megamusicales de éxito eran una moda, que se pasaría. Y tanto, estaban a punto de metamorfosearse en un formato con atractivo para toda la familia.

El panorama del Broadway puramente americano en los 90 incluía trabajos de nuevos autores como ONCE ON THIS ISLAND, que fue el debut de Stephen Flaherty (música) y Lynn Ahrens (letras), en 1990, autores de ANASTASIA y RAGTIME. El público más allá de Broadway no se enteró de este estreno, menos del 5% del público americano iba al teatro de forma regular, y mucha gente se pasaba años sin escuchar una canción de musicales. La realidad era que el público habitual de Broadway eran burgueses entrados en años, turistas y gays. Con el aumento de precio de las entradas pocos se podían permitir comprar una. Por eso los musicales eran o repeticiones de éxitos del pasado (CRAZY FOR YOU), o temáticas muy cercanas a la comunidad gay como FALSETTOS. Quedaban algunas muestras de musicales tradicionales con mucho éxito de crítica como KISS OF THE SPIDER WOMAN, en 1993, de Kander y Ebb, basado en la novela de Manuel Puig, o PASSION, en 1994, de Stephen Sondheim.

De la mano siempre de Mackintosh, los británicos siguieron llevando grandes producciones de Londres a Broadway, con su dosis imprescindible de melodrama rocambolesco. Los dos últimos grandes musicales europeos fueron MISS SAIGON (1991) y SUNSET BOULEVARD (1994).

La idea de MISS SAIGON nació de Claude Michel-Schönberg por una fotografía de una madre vietnamita que dejaba a su hijo en la puerta de embarque de una base aérea en Saigón con su padre, un exsoldado que se marcha a Estados Unidos, donde podría darle una mejor vida. La historia central está basada en la ópera de Puccini MADAME BUTTERFLY. A nivel de producción, como había hecho anteriormente con el resto de títulos, Mackintosh mimó hasta el último detalle y no escatimó en espectacularidad. Uno de los momentos cumbre en el que aparecía un helicóptero militar al completo que aterrizaba sobre las puertas de

Saigón para recoger a los últimos soldados antes de que las fuerzas comunistas se hicieran con la ciudad en 1974, estaba muy logrado.

Uno de los grandes aciertos de Mr. Producer fue el de contratar a una jovencísima Lea Salonga, una filipina de tan solo 17 años. El papel del Engineer fue creado por Jonathan Pryce, primero en Londres, donde ganó el Olivier, y a pesar del intento de boicot por parte del Sindicato de Actores en Broadway, una vez más Sir Cameron Mackintosh volvió a decir que sin su actor no había producción, y así fue. Pryce estrenó en el Broadway Theatre MISS SAIGON, y se llevó el Tony al Mejor Actor. En Londres estuvo 10 años en cartel, hasta octubre de 1999, con un marketing aplastante incluyendo genialidades como 'Don't Miss Saigon', superando el récord de permanencia de MY FAIR LADY. En Broadway se estrenó en el Broadway Theatre en 1991 y estuvo en cartel hasta enero de 2001, haciendo también casi 10 años en cartel. Internacionalmente MISS SAIGON ha conseguido 1,3 billones de dólares. Sin embargo, este fue el último megamusical del que Mackintosh se hizo cargo, ya que el productor, con muy buena intuición, notó que la mentalidad y los gustos pop del público estaban cambiando. Desde entonces ha concentrado sus fuerzas en comedias musicales y revivals.

La adaptación teatral de SUNSET BOULEVARD, la película de Billy Wilder de 1950, fue un gran esfuerzo por parte también de Webber, que invirtió 11 millones de dólares con su productora, The Really Useful Group, en esta fastuosa producción donde, a pesar de tener una lista de notables leading ladies, la protagonista real era la impresionante mansión de John Napier. La historia cuenta la relación entre un joven guionista de Hollywood y una antigua diosa del cine mudo, ficticia, llamada Norma Desmond, a la que inmortalizó Patti LuPone, con dirección de Trevor Nunn. Se estrenó en 1993 pero duró menos de lo que se esperaba y Webber culpó a Patti del fracaso en taquilla, despidiéndola. Esta le denunció y se rumorea que la demanda terminó con una cifra astronómica a favor de Patti. Glenn Close estrenó el musical en Nueva York y se llevó el Tony a Mejor Actriz (algo que lamenta Patti enorme y ampliamente en sus memorias), entre otros muchos premios para el musical en 1995, pero la victoria no sirvió para mantener el show más tiempo de dos años y medio.

España y Argentina tuvieron una versión en español casi de manera consecutiva. La primera en 2017 en el Auditorio de Tenerife adaptada y dirigida por Jaime Azpilicueta y protagonizada por Paloma San Basilio y la segunda en 2018 en el Maipo de Buenos Aires con Valeria Lynch como Norma Desmond.

El megamusical estaba de capa caída, y el público buscaba cosas más ligeras, con presupuestos más asequibles, que no se tomaran tan en serio y que fueran menos dramáticas, una solución que llegaría a Broadway de la mano de Mickey Mouse. Durante los 70 y los 80 Times Square no era un distrito para el ocio familiar. Esto cambió gracias a Disney Theatricals Productions, que estrenó su primer musical en Broadway en 1994, BEAUTY AND THE BEAST.

La compañía Disney se ha convertido en un pilar fundamental de la industria teatral en Nueva York, renovando teatros, y un imprescindible de la cultura americana. Sin embargo, desde el momento en que se anunció que haría su entrada en la calle 42, la comunidad de Broadway puso el grito en el cielo sobre el impacto negativo que la compañía podría tener en Times Square y en el sector. Al igual que había ocurrido 10 años antes con la llegada de CATS y otros megamusicales británicos, en este caso se estaba perdiendo la perspectiva de que tanto en su momento Mackintosh como en este caso Disney Theatricals tenían mucho en común con Florenz Ziegfeld. Disney busca también puro espectáculo en sus producciones. Como siempre, chocan los prejuicios entre la superioridad del arte frente al ocio y se olvida la presión del sistema comercial, que para subsistir hace falta vender entradas.

BEAUTY AND THE BEAST contaba con la música de la película, de Alan Menken y Howard Ashman, que ya se habían llevado el Oscar y en este caso, en su estreno en 1994 no se llevaría el Tony pero sí que arrasó en taquilla, muy por encima de su contrincante, PASSION, manteniéndose en taquilla hasta 2007.

La primera producción en español de LA BELLA Y LA BESTIA se estrenó en mayo de 1997 en México, llegando en 1998 al Teatro Ópera de Buenos Aires, y en 1999 al Lope de Vega de Madrid, de la mano de varias productoras, entre otras, la actual Stage Entertainment con Julia Gómez Cora a la cabeza. Posteriores reposiciones han recorrido México, Argentina y España.

Para hablar de Menken y Ashman hay que mencionar que en los 80 ya habían captado la atención de los grandes del show business con uno de sus primeros trabajos, LITTLE SHOP OF HORRORS. Se trata de una comedia de terror con música rock, y desde su origen en el Workshop of the Players Art Foundation, un teatro Off-Off Broadway ya causó sensación, en su estreno en mayo de 1982. Solo 2 meses después se movió a un teatro más grande en el Off-Broadway, el Orpheum Theatre, donde estuvo 5 años batiendo récords de taquilla y convirtiéndose en el tercer musical más longevo en la cartelera Off Broadway y que más ingresos había conseguido. Las puertas al circuito comercial estaban claramente abiertas, y los

productores eran lo más de lo más: David Geffen, magnate de la industria audiovisual, Cameron Mackintosh, genio del teatro musical, y la Shubert Organization, dueños de algunos de los teatros más grandes de Broadway, pero Howard Ashman se negó a que esto ocurriera, porque su sitio era en el Off-Broadway, y acertó de pleno. La obra se convirtió en película en 1986 dirigida por Frank Oz y ese sí que fue un paso acertado.

El musical se ha podido ver en todo el mundo, llegando a España primero en 1987 en catalán de la mano de Dagoll Dagom, después en castellano en 2000 en Madrid y más recientemente en 2019 en el Teatre Coliseum de Barcelona.

Howard Ashman conocía perfectamente el oficio y la industria de Broadway, y LITTLE SHOP es un ejemplo perfecto de book musical siguiendo todos los pasos que los grandes autores han seguido desde Rodgers & Hammerstein. En todas sus entrevistas explica que las canciones de sus musicales (no solo este, sino LITTLE MERMAID, BEAUTY AND THE BEAST y ALADDIN) tienen un patrón, con una 'I want Song' y un 'eleven o'clock number'. Igual que antes lo habían tenido OKLAHOMA! o SOUTH PACIFIC, décadas más tarde esta fórmula seguía funcionando: "La música está al servicio de la historia". La vida de Ashman está perfectamente reflejada en el documental WAKING SLEEPING BEAUTY donde habla del renacimiento de la animación Disney y este hombre, junto a Alan Menken, jugaron un papel fundamental por los títulos que ayudaron a crear: LA SIRENITA, LA BELLA Y LA BESTIA y ALADDIN, que eran y son musicales de Broadway. Desgraciadamente Ashman no llegó a ver hasta dónde llegaron sus musicales ya que falleció a causa del SIDA en 1991 y no vio cómo sus creaciones triunfaban en Broadway.

BEAUTY AND THE BEAST no era tan bueno sobre las tablas como la película, pero era un atractivo turístico indiscutible, el público general volvía a Broadway por la puerta grande. A la gente que no le interesaba el teatro no le importaba gastarse unos cuantos (o unos cientos de) dólares en las entradas para ellos y para sus hijos. Al fin y al cabo, era más barato que llevarles a uno de los parques Disney. Ante esto, la comunidad de Broadway respondió diciendo que era algo pasajero, pero la realidad es que la compañía Disney, curtida en ocio a nivel internacional, estaba mostrando una nueva manera de hacer las cosas. BEAUTY AND THE BEAST, como los megamusicales, se estrenaría a imagen y semejanza de la producción de Broadway en todo el mundo, en réplicas "first class" (no solo música y letras sino dirección, coreografía, diseño de escenografía, etc.). Más de 35 millones de espectadores lo vieron en todo el mundo y en taquilla se consiguieron más de 1,7 mil millones de dólares. Y por supuesto, el merchandising era la gallina de los huevos de oro. Si Mackintosh había dado una lección sobre cómo hacer marketing, Disney daría la MasterClass.

Disney había inventado el MUSICAL CORPORATIVO:

- Género de shows creado, producido y controlado por una corporación.
- La corporación debe aprobar y financiar la idea original de los autores, por lo que el sello de los creativos tiene menos peso que el sello de la marca que lo sostiene.
- La eficacia es importante, pero el resultado es anónimo.
- Son impresionantes, enganchan al público con fluidez, y una selección de baladas pop.
- Cuando se han estrenado y están en cartel, los musicales corporativos se pueden replicar en todo el mundo, con sets exactamente iguales que los de Broadway y sin necesidad de grandes estrellas en cartel (menor coste).

El triunfo llegó a ser completo con el estreno de THE LION KING en Broadway. Este se estrenó en noviembre de 1997 en el New Amsterdam Theatre, el que en su momento fue hogar de los Follies de Ziegfeld. La crítica y la comunidad teatral se rindió a la evidencia porque realmente era un paso más allá de lo que se había hecho con BEAUTY AND THE BEAST. Julie Taymor se arriesgó con una puesta en escena que combinaba técnicas orientales teatrales, como el uso de las máscaras, las sombras chinas, y todo lo que hoy conocemos como clave en este musical. Aunque ahora nos parezca algo anticuado, o que no nos sorprenda, hace 25 años fue toda una revolución en Broadway. Se convirtió en el MAYOR SHOW DE LOS 90. Nadie se preocupaba de si había alguna cara conocida o no, el show era la estrella. Grandísima preventa, 6 Tonys Mejor Musical (aunque el Mejor Libreto y Mejor partitura fueron para RAGTIME). La réplica exacta no se hizo esperar en el West End, abriendo en el Lyceum Theatre en 1999 y desde entonces a ambos lados del Atlántico es un éxito constante, con producciones en Madrid (la primera en idioma español en 2011, donde aún se mantiene) y México (2015), entre otras muchas.

En 2017 se anunció en la Revista Forbes que EL REY LEÓN había acumulado 8,1 mil millones de dólares contando lo recaudado en todas sus producciones a nivel mundial, la mayor recaudación por una marca de la industria del entretenimiento a nivel mundial, seguido por PHANTOM con 6 y la película AVATAR con 2,8.

En Broadway, el orden de los shows con mayor permanencia en cartel actualmente es: THE PHANTOM OF THE OPERA (34 años), CHICAGO (26 años), THE LION KING (25 años) y CATS (20 años).

No olvidemos que THE LION KING, más allá del megaéxito de Julie Taymor, fue el debut de Elton John en Broadway, junto a Tim Rice. Ambos además se lanzarían con un proyecto que les propuso Disney, convertir la Aida de Verdi en musical. A ritmo de una canción por día, Elton John compuso una partitura ecléctica para AIDA, estrenada en 2000, que combinaba canciones negras, con sonido urbano, RnB, góspel, rock y baladas.

Con los musicales Disney, Broadway había conseguido captar la atención del público familiar, pero aún se seguía buscando ese sonido contemporáneo que pudiera devolver los cast recordings a lo más alto de las listas de ventas, para volver a hablar en el lenguaje musical contemporáneo.

En los 70 fue el rock como con HAIR, de ahí los megamusicales pop rock de Webber en los 80, pero en los 90 Broadway se quedaba un poco anticuado para la Generación X. Hubo autores de música pop de la época como Paul Simon o Billy Joel que lo intentaron experimentos fallidos, pero no sabían crear y mimar un musical.

Un caso muy diferente era Jonathan Larson, el sí que era un 'Broadway Baby'. En 1982, cuando terminó la universidad, Larson era un artista hambriento más en el Greenwich Village de Nueva York, trabajando en un diner para sacar adelante sus proyectos musicales. El más importante, una actualización de La Bohème de Puccini, ambientada en la época del SIDA, que presentó a dos productores tan locos como él, dos visionarios: Kevin McCollum y Jeffrey Seller, y contó con la dirección de Michael Greif.

Finalmente, el 25 de enero de 1996 RENT estaba listo para hacer el ensayo general en el Off Broadway. Jonathan había conseguido su sueño, pero falleció por una rotura de aneurisma de aorta con tan solo 35 años. Esa noche, el elenco de RENT se reunió para hacer la primera previa y todos estaban consternados con la noticia. En principio iba a ser solamente una versión concierto, pero en el segundo acto todos estaban tan emocionados que se pusieron en pie y se realizó la puesta en escena como se había planteado, dejándose la piel cada uno en su papel. Cada frase de RENT tenía un doble significado: Carpe Diem, No Day But Today, una filosofía que había llevado Jonathan Larson hasta el límite. La tragedia fue noticia nacional pero lo que resonaba en el público era el mensaje del musical con el que los jóvenes se sentían identificados.

Jonathan Larson, 1960-1996.

En pocos meses saltó al Nederlander Theatre de Broadway, un estreno que supuso un nuevo comienzo para el Teatro Musical. Además, la producción costaba un 25% del precio de los musicales corporativos en aquella época. Con RENT comenzó la famosa tradición de la Lottery en Broadway, una idea de Kevin McCollum que partía de la necesidad de los jóvenes de ver este musical precisamente escrito para ellos. Así, la generación X se podía permitir ver su musical en Broadway por unos pocos dólares y a su vez, el productor ganaba una primera fila en platea llena de gente emocionada por ver a sus estrellas cantando las canciones que amaban, una visión realista de su propia época.

No hubo hits que llegaran al top de las listas de venta, pero el cast recording sí que se vendió mucho mejor que cualquier otro CD de su época. Ganó el Pulitzer por Drama (siguiendo la estela de OF THEE I SING, SOUTH PACIFIC y A CHORUS LINE, todos títulos que habían cambiado las reglas del juego), y esa temporada ganó 4 Tonys, incluyendo Mejor Musical, Mejor Partitura, Mejor Libreto y Mejor Actor de

Reparto para Wilson Jermaine Heredia, que dio vida a Angel. Se reprodujo internacionalmente en réplicas exactas, siendo la primera la mexicana de 1999 en junio y ese mismo año en noviembre en Barcelona, con Daniel Anglès como Mark, quien posteriormente ha dirigido dos producciones del musical en la Ciudad Condal. El set, con andamios y muy sencillo, se llevó a todas partes al igual que su vestuario y su puesta en escena tan rudimentaria. En Broadway estuvo en cartel hasta 2008.

También en los 90 se presentó uno de los pocos compositores americanos que tendría éxito en la época, Frank Wildhorn, con dos musicales importantes: JEKYLL & HYDE y THE SCARLET PIMPERNEL. Henry Kreiger escribió también en el 97 su mejor partitura, SIDE SHOW, contando la historia de las actrices siamesas Violet y Daisy Hilton.

Los dos mejores títulos de finales de los 90, al menos en lo que atañe a integridad artística y de negocio, fueron TITANIC y RAGTIME. TITANIC, de Maury Yeston (NINE, GRAND HOTEL), estrenado en 1997, se llevó muy buenas críticas y 5 Premios Tony incluyendo Mejor Musical. RAGTIME fue otro ejemplo de musical corporativo, con un gran elenco y una partitura magistral que evoca diferentes períodos musicales, con un factor común—el sonido del Ragtime como motor del cambio. A destacar por supuesto, la canción en que Brian Stokes Mitchell como el músico Coalhouse y su querida Sarah, interpretada por Audra McDonald, hablan de sus sueños juntos, 'Wheels Of A Dream'. La realidad es que el show estaba sobreproducido y había carencias en dirección, pero así se dio a conocer un musical épico que sigue tocando los corazones de quienes lo escuchan.

EL SIGLO XXI Y LA NUEVA ERA DE LA COMEDIA MUSICAL AMERICANA

Termina el Siglo XX y no se sabía muy bien hacia dónde se dirigía Broadway. El título que mejor conectó con el público fue el que hizo resurgir la comedia musical americana: THE PRODUCERS, estrenado en Broadway en abril de 2001. El origen de este musical está en el amor que Mel Brooks le ha profesado siempre a Broadway y la fórmula fue reírse por primera vez un poco de ellos mismos, de los judíos, y de la propia comunidad teatral. Max Bialystock es un productor de Broadway que estrena un fracaso detrás de otro. Se le ocurre que para salir de la bancarrota lo que tiene que hacer es conseguir el 25.000 % del capital de un show y hacer que sea un desastre de taquilla, por ejemplo, un musical sobre Adolf Hitler llamado Primavera para Hitler. Por supuesto, si el musical fuese un éxito tanto él como su ayudante Leo Bloom acabarían en juicio... y eso es lo que ocurre.

David Geffen le convenció en 1998 de que era el momento de convertir THE PRODUCERS, película de finales de los 60 escrita y dirigida por el propio Mel Brooks, en musical. Thomas Meehan, autor de ANNIE, junto a Mel Brooks escribieron el libreto y Brooks escribió la música y la letra. El tryout fue en Chicago, un auténtico éxito y la preventa en Broadway ascendió hasta los 18 millones de dólares. Más de 2500 funciones en Broadway, estuvo en cartel hasta 2007 y consiguió hacer récord con 12 Tonys de los 15 a los que estaba nominado, incluyendo por supuesto Mejor Musical. En Broadway se convirtió en una sensación en taquilla, ascendiendo hasta 450 dólares la entrada VIP, recuperando los 10,5 millones de dólares de inversión en tan solo 7 meses y una media de 1,6 millones de dólares en taquilla semanales. THE PRODUCERS tuvo una versión cinematográfica con los mismos protagonistas (Lane y Broderick) en 2005 y una espectacular Uma Thurman como Ulla, la secretaria de Bialystock, que fracasó en taquilla estrepitosamente.

LOS PRODUCTORES se estrenó en español primero en Buenos Aires con Enrique Pinti como Max y Guillermo Francella como Leo Bloom en 2005, y al año siguiente en Madrid, con Santiago Segura como Max y José Mota como Leo Bloom, y en México.

El 11 de septiembre de 2001 se cometieron los ataques terroristas contra las torres gemelas de Nueva York. Todos los teatros de Broadway se cerraron durante 2 días, y no solamente en la gran manzana, sino en todo el mundo, la sociedad se

quedó en shock sin saber qué iba a ocurrir después. Durante meses el turismo descendió enormemente, destacando su importancia en la taquilla de Broadway, que bajó un 80% en algunos casos. El alcalde Giuliani insistió que la vida debía seguir como siempre, y en una aparición pública el 18 de septiembre dijo: "Si queréis ayudar a la ciudad de Nueva York, id al teatro." De hecho, tomando como referencia la campaña que se hizo en los años 70 para reavivar el turismo en la Gran Manzana, se hizo una versión nueva de I (HEART) NEW YORK, una expresión que ya existía, con la coletilla "More Than Ever" (más que nunca).

El anuncio publicitario que se utilizó para esta campaña contó con cientos de artistas de Broadway llenando Times Square cantando la canción de Kander y Ebb 'New York New York'. Ir al teatro, como decía Susan Stroman en una entrevista, con toda esa gente que buscaba reírse y divertirse un rato, no solo era apropiado sino sanador. Esto desataría una oleada de musicales algunos innovadores, otros muy marcianos pero en definitiva con un denominador común: Buscar el puro entretenimiento (una vez más) para que el público se evadiese de la realidad.

Llevados precisamente por esa necesidad que creó el cataclismo mundial que fue el ataque del 11-S, también empezó en Broadway una moda de convertir una o varias canciones pop en la excusa para construir un musical —los jukebox musicals o pop-sicals. Un par de años antes de llegar a Broadway, en Londres nació MAMMA MIA! en 1999, dirigido por Phyllida Lloyd y basado en las canciones de Benny Anderson y Bjorn Ulvaeus, excomponentes de ABBA. Se estrenó en el Winter Garden de Broadway (justo cuando salió CATS) con un argumento que ya se había visto en la película 'Buona Sera Mrs. Campbell' y en el musical CARMELINA —una madre que se encuentra con los tres posibles padres de su hija. A los críticos no les convenció, pero estuvo 14 años en cartel y más de 5000 funciones. Canciones pegadizas y ultraconocidas vendían entradas a un ritmo inusitado, precisamente porque, si bien la gente no tenía que entrar a pensar, sí que entraba a pasar un buen rato, a desconectar, a cantar y a bailar.

Hubo producciones en gira de MAMMA MIA! por USA y en todo el mundo siguiendo el modelo del megamusical, copias idénticas al original, un gran énfasis en el marketing y elencos que sonasen y tuviesen el mismo aspecto, y se convirtió en el primer musical en superar 1000 funciones en Las Vegas. La primera versión en español se estrenó el 11 de noviembre de 2004 en el Teatro Lope de Vega de Madrid, producida por CIE y Stage Entertainment, con Nina como protagonista, manteniéndose en cartel siete temporadas, hasta 2011 y regresando en 2015 con una nueva gira. En México se estrenó en 2009 y en Buenos Aires en 2012, permaneciendo en cartel apenas unos meses en cada ciudad.

Por supuesto, la película de Universal Pictures con Meryl Streep como Donna en 2008 demostró que el éxito del título había llegado a todo el mundo, y como suele ocurrir, cuando ya todo el público había visto el show en el teatro era el momento de explotarlo en cine… hasta dos veces.

La misma fórmula saltó a la gran pantalla de la mano del cineasta Baz Luhrmann con MOULIN ROUGE en 2001, utilizando no uno sino una lista de éxitos pop que haría temblar cualquier playlist de Spotify del momento. Además, el éxito de la crítica lo acompañó. Desde LA BELLA Y LA BESTIA en 1991 un musical no conseguía la nominación a Mejor Película. Además de innovar usando canciones muy populares, Luhrmann quiso transmitir el mismo entusiasmo y energía en el film que el que el público de finales del XIX vivía en el Moulin Rouge, con un código y un lenguaje cercano al vídeo clip. La renovación y el impulso que dio al género musical en cine fue enorme, el musical volvía a ser cool.

HAIRSPRAY es uno de los mejores ejemplos de comedia musical americana contemporánea. Tiene música original de Marc Shaiman (música y letras) y Scott Wittman (letras), con libreto de Thomas Meehan, y está basado en la película homónima de 1988 de John Waters. Su estilo de música es rock de los 60 y RnB estilo Motown. Cuenta la historia de Tracy Turnblad, una adolescente con sobrepeso de Baltimore que sueña con cantar y bailar en el show de Corny Collins, a comienzos de los 60, que se convierte en una celebridad de la noche a la mañana, y acaba peleando por la integración de los afroamericanos en el popular programa de TV. Primero se presentó en Seattle estrenándose en el Neil Simon Theatre de Broadway en agosto de 2002.

La idea surgió de la productora teatral Margo Lion viendo en tv la película original de Waters. Ella reunió primero a los autores (Shaiman y Wittman) y el director iba a ser Rob Marshall, pero estaba comprometido con la versión cinematográfica de CHICAGO. Terminó dirigiendo Jack O'Brien con coreografía de Jerry Mitchell. Los protagonistas fueron Marisa Jaret Winokur como Tracy y Harvey Fierstein como Edna, su madre. La escenografía espectacular de David Rockwell y el vestuario de William Ivey Long hicieron de este un equipo de 10. En el cast es destacable la participación de un jovencísimo Matthew Morrison y de la siempre estupenda Laura Bell Bundy. Recibió 13 nominaciones llevándose 8 Premios Tony, incluyendo Mejor Musical y convirtiéndose en la tercera comedia musical americana basada en una película en llevárselo.

HAIRPSRAY y MAMMA MIA! no dejaron de ser la respuesta a un suceso impactante y una vía de escape a la tragedia que fue el 9/11. Ambos son comedias musicales muy bien hechas pero un musical que tiene mucho que ver con estos sucesos y que trata directamente sobre el tema ha sido COME FROM AWAY, de origen canadiense y estrenado en Broadway en 2017. Trata acerca del pueblo de Canadá donde aterrizaron los 38 aviones que fueron desviados el 11 de septiembre del espacio aéreo americano y cómo todos sus pasajeros y tripulación fueron acogidos por la gente de Gander, en Newfoundland. Ha recibido muy buenas críticas especialmente porque recuerda al público la capacidad de ser generosos incluso en los momentos más oscuros, y el triunfo de la humanidad sobre el odio. En 2021, con el regreso de las compañías a los teatros de Broadway tras el confinamiento, el musical se grabó profesionalmente para Apple TV.

La temporada 2003-2004 fue especialmente prolífica porque tuvo claros ejemplos de producciones que hemos visto anteriormente, incluyendo megamusicales y musicales Off Broadway que dan el salto a Broadway. Esa espectacular temporada fue retratada en un documental muy recomendable llamado 'Show Business: The Road to Broadway', que cuenta el camino de varios de los títulos que se vieron ese año desde su concepción hasta la noche del estreno.

Por un lado, AVENUE Q, escrito por Jeff Marx y Robert Lopez, que se presentó primero en un teatro Off Broadway en 2003 y en julio de ese año Kevin McCollum y Jeffrey Seller, los mismos productores de RENT, se lo llevaron a Broadway, al John Golden Theatre, donde hizo más de 2500 funciones, saltando después al New World Stages en 2009 donde estuvo hasta mayo de 2019. El show está protagonizado por tres actores humanos y cuatro que manejan puppets, interaccionando unos con otros indistintamente. El formato del show es como una versión adulta de Barrio Sésamo (Plaza Sésamo) sobre la vida de unos treintañeros que viven en las afueras de Nueva York. Los gags y las bromas tenían muy mala uva y eran picantes, lo cual dio mucho juego a los responsables de marketing, que usaron esto para una campaña advirtiendo de desnudos completos de marionetas. Un show con humor irreverente que ganó grandes críticas y Tonys para libreto, partitura y musical del año. Se pudo ver en México en 2008 y en España y Argentina en 2010.

La misma temporada se estrenó en Broadway WICKED. En octubre de 2003 llegó la misma historia de EL MAGO DE OZ pero contada desde la perspectiva de la Malvada Bruja, recordando a todos que a veces nos quedamos con la visión un tanto distorsionada de los ganadores. Stephen Schwartz, el mismo autor de

84

GODSPELL y PIPPIN, fue el responsable de la musicalización de esta historia simplificando la novela original en la que Elphaba, la protagonista, es una rebelde que lucha contra lo establecido por el Mago en contraposición con Glinda, la bruja buena, siempre amable y amada por todos. La crítica no lo recibió al 100% y de hecho en los Tony perdió el de mejor musical frente a AVENUE Q pero 19 años después sigue ahí, por encima de LOS MISERABLES en récord de permanencia. Hoy en día 'Defying Gravity' es uno de los temas más conocidos por fans de musicales y público general. En México se ha podido ver en español en 2013 con Danna Paola como Elphaba.

En los siguientes años se vieron una serie de musicales que demostraron la diversidad de público sin lograr ningún cambio en el panorama—en 2005, SPAMALOT, de los Monty Python, que venció como Mejor Musical en los Tony, con lo cual supuso un punto a favor para la comedia musical británica; en 2006, JERSEY BOYS, de nuevo un jukebox, pero personalmente creo que es una de las mejores contribuciones al género; y en 2007, SPRING AWAKENING, que es otro ejemplo de musical que salta del Off Broadway a Broadway pero en este caso con mucho impacto sobre todo para jóvenes, y con una generación que luego ha llegado muy lejos en TV. Lo mejor de SPRING, era que se trataba de un musical no integrado, que rompía la línea de megamusicales y revivals que estaba predominando en Broadway. La experiencia del show era lo mejor que había visto Broadway en años, como comentó algún crítico.

Merece la pena mencionar que en estos 2 años, en 2005 y en 2006 Disney tuvo uno de sus mayores éxitos y también de los mayores fracasos a ambos lados del Atlántico: En Londres, con MARY POPPINS, una obra por la que la productora llevaba peleando muchos años, gracias al empeño de Cameron Mackintosh y que cosechó gran éxito de público, y en Broadway, con TARZAN, con su penosa partitura de Phil Collins y una carísima y peligrosa puesta en escena basada en lianas y actores vestidos de mono que se balanceaban sobre las cabezas del público. Sin embargo, curiosamente el musical ha tenido larga vida en Europa.

El cambio llegó a Broadway con otro enamorado del musical como fue Jonathan Larson. Precisamente viendo una función de RENT, Lin-Manuel Miranda entendió que en los musicales se puede hablar de la vida de cada uno, conectando con el resto de su comunidad. Los latinos, que todavía no habían tenido voz en Broadway, iban a ser el centro de atención por primera vez, se iba a hablar de su vida diaria. Lin iba a ser a la vez el creador y el maestro de ceremonias de su propio "barrio" en Broadway con IN THE HEIGHTS. Esto fue posible gracias a los

mismos "ángeles" que ayudaron a que RENT y AVENUE Q se hicieran realidad. McCollum y Seller le ayudaron a llevarlo primero al Off y luego a Broadway, donde se estrenó en marzo de 2008. Tuvieron la intuición y el valor porque sabían que estaban ante una nueva revolución.

El show cuenta la historia de Usnavi, el dueño de una tienda (bodega) del barrio latino de Harlem que narra su propio día a día y el de su vecindario, los problemas y las alegrías por las que pasan. Un musical que celebra la diversidad y la familia. Además, incluye algunas partes en español, con un spanglish que hacía más atractivo el musical para la comunidad latina. Ganó 4 Premios Tony, incluyendo Mejor Musical y en 2021 se ha estrenado la versión cinematográfica dirigida por Jon M Chu.

Justamente ese año, en la temporada 2008-2009, en Broadway volvieron a coincidir dos musicales con una temática poco antes vista: Por un lado, BILLY ELLIOT, que venía de Londres donde había triunfado en 2005 con una partitura de Elton John y Lee Hall y dirección de Stephen Daldry, que había dirigido la película en el año 2000. La historia del niño que quería bailar, una historia de superación y de aceptación, fue lo suficientemente potente como para tomarse su tiempo hasta que hizo su salto a Broadway. Por otro lado, el musical NEXT TO NORMAL, de Brian Yorkey y Tom Kitt, era completamente original, con música rock y una historia muy controvertida: Una familia rota por la enfermedad de la madre, con trastorno bipolar, que primero se presentó en el Off Broadway, después en el Arena Stage de Virginia y de ahí saltó a Broadway con un gran impacto positivo de público y crítica. El trabajo de Alice Ripley fue simplemente brutal así como el de Jennifer Damiano como Natalie, y además fue la carta de presentación de Aaron Tveit, uno de los nombres más destacados de los últimos años en Broadway.

La noche del 7 de junio de 2009 BILLY ELLIOT venció a NEXT TO NORMAL en los Premios Tony. La historia de BILLY cautivó más al jurado de estos galardones, que otorgó al título 10 premios, incluyendo el de Mejor Musical, y también un premio especial para los tres niños que fueron titulares del personaje principal, incluyendo el mexicano David Álvarez, que en 2021 ha sido Bernardo en la versión cinematográfica de WEST SIDE STORY dirigida por Steven Spielberg. NEXT TO NORMAL se llevó 3 Premios, incluyendo un muy merecido Tony para Alice Ripley.

Ambos musicales se han representado en idioma español. En 2017 BILLY ELLIOT tuvo producciones en México y en España, permaneciendo en cartel en Madrid casi tanto como en Broadway. CASI NORMALES fue un hit desde su estreno en

Buenos Aires, manteniéndose en cartel durante varias temporadas, en 2012, y llegando en 2017 a España.

A medida que la primera década del 2000 terminaba, uno de los cambios que surgió socialmente es que para las nuevas generaciones el musical de BROADWAY, sino de moda, al menos era algo bastante cool, por primera vez en mucho tiempo, y así ocurrió en todo el mundo, a través de varios ejemplos sobre todo en TV: Series como GLEE o SMASH y películas como HIGH SCHOOL MUSICAL crearon un nuevo movimiento fan que popularizó las canciones de musicales. Esto propició un gran impulso en la venta de entradas.

Las redes sociales han sido fundamentales en este aspecto. Internet es un medio de comunicación que permite el contacto directo con el consumidor y permite elegir específicamente el nicho al que te diriges. Antes te interesaba ser atractivo para todo el mundo y ahora puedes conocer a tu público hablándole directamente, creando interés y conectando con el potencial comprador de entradas. Por ejemplo, los creativos de NEXT TO NORMAL crearon un nuevo tema que compartieron en Twitter superando el millón de seguidores en todo el mundo. Las ventas por internet crecieron a finales de 2010 en un 470%.

Hay dos autores en esta época cuyas composiciones han sido eminentemente para el circuito Off Broadway pero que han hecho notables aportaciones al musical americano, que son Andrew Lippa y Jason Robert Brown.

Andrew Lippa nació en el Reino Unido pero su familia pronto emigró a Estados Unidos. Su primer trabajo Off Broadway fue JOHN & JEN, en 1995, una joya de musical de pequeño formato sobre una mujer, Jen, y su relación con su hermano y su hijo, John en ambos casos. El musical habla de los cambios de la sociedad en USA entre 1950 y 1990, en la época en que está ambientado el show, y es una pieza fantástica para sólo dos actores y un pianista. Uno de los shows por el que más se le conoce es THE WILD PARTY, en el que escribió libreto, música y letras basado en el poema de Joseph Moncure March. El musical se estrenó en el año 2000 en el Off Brodway protagonizado por Idina Menzel, Taye Diggs, Brian D'Arcy James y Julia Murney.

En Broadway ha conseguido estrenar dos musicales basados en películas conocidas, THE ADDAMS FAMILY y BIG FISH, aunque ninguno de los dos consiguió buena respuesta ni de crítica ni de público, a pesar de tener un gran reparto y tener como referentes dos películas muy populares, ya que el libreto no era muy fuerte.

Dentro de los autores contemporáneos Off Broadway más famosos, el más destacado es sin duda Jason Robert Brown, uno de los más trabajadores y que más composiciones ha creado en toda su carrera. Desde sus inicios, en sus años de formación, se vio influido por la obra de Stephen Sondheim, especialmente por SUNDAY IN THE PARK y SWEENEY TODD, y eso le animó a no llevar la presión de sus obras a que fuesen éxitos pop sino que estuviesen al servicio de la historia. Comenzó trabajando precisamente como arreglista de Andrew Lippa y su debut fue también en 1995 con SONGS FOR A NEW WORLD, un ciclo de canciones que tienen como nexo en común que en todas ellas sus protagonistas van a tomar una decisión. No es propiamente un musical, pero sirvió para dar a conocer su estilo de música y en él trabajó con Daisy Prince, hija de Harold Prince, como directora y se considera uno de los shows más populares entre los aficionados a musicales. Su canción más famosa, y que ha sido versionada por muchísimos cantantes de musicales es 'Stars and the Moon'.

En su siguiente musical THE LAST FIVE YEARS, volvió a trabajar con Daisy Prince y se encargó del libreto y canciones en las que plasma el fracaso de su primer matrimonio. De planteamiento muy original, sus protagonistas cuentan la misma historia desde dos puntos de vista distintos y en líneas temporales opuestas. Se estrenó en marzo de 2002, recibiendo críticas dispares y sólo aguantó dos meses en el Off-Broadway, aunque Brown recibió el premio Drama Desk por la letra y la música. La obra se estrenó con Norbert Leo Butz y Sherie Rene Scott y con el tiempo se ha convertido en un musical de culto, representándose en todo el mundo por lo sencillo de su puesta en escena y el elenco—solo dos actores y un pianista.

No ha tenido suerte en sus composiciones para Broadway (PARADE, 13, BRIDGES OF MADISON COUNTY y HONEYMOON IN VEGAS) pero su repertorio se incluye en los conciertos de grandes artistas como Audra McDonald o Jeremy Jordan, que siempre le han apoyado.

DE 2010 HASTA HOY: LA REVOLUCIÓN
DEL MUSICAL AMERICANO

En los últimos 10 años, entre 2010-2019, la creación de shows en Broadway cada vez se ha hecho más cara en contraposición con la misma en West End lo que ha llevado a los productores a optar por presentar grandes títulos primero en Londres para después cruzar el Atlántico y coronar su musical con algún que otro Tony. Se estima que la docena de shows que cerró en la temporada 2018-2019 (todos aquellos que no han ganado en los Tony o directamente no han conectado con el público) generaron pérdidas de más de 100 millones de dólares. Esto a su vez hizo también que los precios de las entradas ascendieran, por la liberalización de los precios debido al éxito de algunos de ellos. El "hottest ticket in town" había subido hasta 450 dólares con LOS PRODUCTORES pero la última noche que Lin-Manuel Miranda hizo de Alexander Hamilton algunos tickets ascendieron a 19.000 dólares.

(de izquierda a derecha) Lin-Manuel Miranda, Phillipa Soo, Leslie Odom Jr., y Christopher Jackson cantando en la Casa Blanca. Marzo, 2016.

En cualquier caso, hay algo muy positivo que destacar de esta década y es que el 40% de los musicales ganadores del Tony de 2010 a 2020 son historias completamente originales y diversas. Esto implica que, a pesar de que Broadway se haya convertido en uno de los puntos obligatorios en la visita turística a Nueva

York y que, como habían criticado a Disney y a Giuliani, la calle 42 cada vez parezca más un parque de atracciones, el público de musicales busca todavía que se le cuenten buenas historias, las conozcan antes o no, y no les importa desembolsar el dinero que sea para pasar dos horas y media de entretenimiento, disfrutando de un show que les haga pensar y sentir. No hace falta que sea megamusical ni que no pueda tararear las canciones, porque lo importante para el espectador es la historia.

Dos musicales originales 100% destacaron a comienzos de 2010: MEMPHIS y BOOK OF MORMON.

MEMPHIS, estrenado en septiembre de 2009, es un espectáculo con música de David Bryan y libreto y letras de Joe DiPietro, basado en hechos reales ocurridos en Memphis en los años 50. Es la historia de Huey Calhoun, un DJ de radio blanco que quiere cambiar el mundo, y Felicia Farrell, una cantante de club negra que está buscando su gran oportunidad. Una de sus grandes bazas era la partitura rock de David Bryan, uno de los miembros del grupo BON JOVI. También es destacable en este show el trabajo del colombiano Sergio Trujillo que debutó en Broadway como bailarín en los 80, y que en MEMPHIS hizo unas coreografías brillantes.

THE BOOK OF MORMON, mucho más potente y rompedor que MEMPHIS, es una parodia sobre la Iglesia de Jesucristo de los Santos de los Últimos Días, en la que dos misioneros mormones viajan a África para adoctrinar a un pueblo de Uganda. Una idea tan loca y tan irreverente solo podía salir de la fusión de la serie menos políticamente correcta de la tele (South Park) y de uno de los creadores del musical de puppets para adultos (AVENUE Q). Trey Parker y Matt Stone (creadores de South Park) con Robert López (autor de AVENUE Q y FROZEN). Se estrenó en marzo de 2011, ganó 9 Tonys incluyendo Mejor Musical y aún sigue en cartel. Este show ya costó 11,4 millones de dólares y se supone que es un show barato.

Sin ser uno de los originales de esta década, a finales de 2011 ONCE se estrenó en el New York Theatre Workshop (donde se forjó RENT). Su puesta en escena fue rompedora y marcó una manera de hacer teatro que se repetiría poco después con COME FROM AWAY, captando una gran atencion por parte de publico y critica y pasando al circuito comercial en febrero de 2012. La escenografía es muy sencilla: Un bar en el centro, con sillas a los lados, y el mismo elenco sirve como orquesta desde esas sillas. El bar de hecho está abierto al público antes de comenzar el show y en el intermedio. Esto ya de entrada potencia la experiencia y este carácter inmersivo ayuda a conectar con la historia, la de un músico callejero irlandés que está a punto de renunciar a su sueño cuando una mujer inmigrante checa se interesa por sus canciones. La química crece entre ambos y su música alcanza otro nivel, pero además su relación se vuelve mucho más compleja y profunda de lo habitual. Fue un éxito en Broadway con 8 Tonys incluyendo Mejor Musical pero sobre todo conectó profundamente con el público inglés y el irlandés, con una gira en West End y Dublin que continuó hasta 2019.

El gusto del público de Broadway estaba cambiando y la productora Disney Theatricals tuvo que hacerse un poco más flexible en sus aspiraciones. Después de EL REY LEÓN las críticas no han sido siempre tan abrumadoras, pero han confiado en los proyectos y han ido buscando el mercado adecuado para sus shows. Por ejemplo, para shows como HERCULES o HUNCHBACK OF NOTRE DAME han preferido presentarlo de manera profesional para luego poder comercializar los derechos para teatro regional y amateur.

Pero el que sin duda fue una sorpresa fue NEWSIES, uno de los musicales Disney que nadie se imaginaba que iba a tener la repercusión que tuvo porque la película fue un fracaso de taquilla de los 90. Su versión teatral fue presentada en New Jersey en 2011 y fue un bombazo de crítica que rápidamente saltó a Broadway dándole el primer Tony a Alan Menken a Mejor Partitura y Tony para Christopher Gatelli a la Mejor Coreografía que junto a la música, es lo mejor del show. NEWSIES es la historia de una banda de repartidores de periódicos a finales del siglo XIX que se ponen en huelga contra la explotación por parte de sus jefes.

En esta década también se estrenó ALADDIN, en 2014, y está en camino de convertirse en el hit nº2 de Disney después de EL REY LEÓN (aun en Broadway). Aparte de la partitura también de Menken, una de sus mayores bazas del show es el personaje del Genio cuyo actor original, James Monroe Iglehart, recibió el Tony por su creación y el número de 'A Friend Like Me' es un gran showstopper.

La versión teatral de la película más taquillera de Disney, FROZEN, es complicada de analizar, porque se debate entre lo "práctico" al servicio de la película y lo mágico. El público general lo ama, aunque, como suele ocurrir, no le acompañe la crítica ni el público especializado. La partitura de Robert López y su mujer Kristin Anderson-Lopez tiene las originales del film y bastantes más nuevas, no tan brillantes, y aunque hay mucha magia en escena, FROZEN no tenía aspiraciones de ser gran teatro. Eso es lo que los fans de Disney y el género musical realmente echa de menos: Que podía ser sobresaliente y no lo consiguió. Se estrenó en Broadway en primavera de 2018 y solo tuvo 3 nominaciones a los Tony sin ningún premio. De nuevo, le pasó exactamente lo que al primer musical de Disney—cero Tonys y estuvo en cartel hasta la pandemia, tiempo después de que cerrase su

contrincante en esa temporada, THE BAND'S VISIT, superándolo en taquilla ampliamente. Tenemos de nuevo la lucha en Broadway entre el "show" y el "business".

Uno de los directores que ha entendido mejor el concepto de Feel-Good Musical en esta década sin perder la profundidad y el mensaje de una historia ha sido Jerry Mitchell, que fue el director y coreógrafo del siguiente hit de Broadway. KINKY BOOTS, basado en un film británico, con libreto de Harvey Fierstein y música de Cindy Lauper, cuenta la historia de Charlie Price, un joven forzado a salvar la fábrica de zapatos de familia al que le ayuda una fantástica drag queen llamada Lola. La idea que le da es salvar la fábrica haciendo botas de drag queen. El personaje de Lola fue creado en Broadway por Billy Porter, soberbio, que estaba en su salsa absolutamente y se metía al público en el bolsillo cada noche.

Se estrenó en 2013 y ganó 5 Tonys incluyendo Mejor Musical. Al igual que en HAIRSPRAY, debajo de una comedia musical aparentemente frívola, se esconde un show con un mensaje de aceptación y tolerancia como pocos ha habido en Broadway. Ricky Pashkus ha dirigido las versiones argentina (2020) y española (2021).

Esa misma temporada, en 2013, volvieron a encontrarse un producto puramente americano con su competencia británica. En este caso se trata de MATILDA, que se estrenó en Londres en 2011, arrasando en los Premios Olivier (que son los equivalentes a los Tony) con 7 Premios incluyendo Mejor Musical. Se trata de un proyecto de la Royal Shakespeare Company, basado en una novela de Roald Dahl con libreto y canciones de Tim Minchin.

MATILDA es la historia de una niña increíblemente inteligente e ingeniosa con poderes telequinéticos, con unos padres bastante ignorantes y maleducados, pero con una profesora que se da cuenta del potencial intelectual de la niña. La producción es brillante, con un diseño escénico que te atrapa desde que entras al teatro y con joyas en la partitura que te devuelve a tu infancia, te invita a jugar, como 'When I Grown Up' o 'Revolting Children'. En los Tony se llevó 4 Premios, pero no a Mejor Musical, en este caso ganó KINKY BOOTS. En 2022 se estrena la película musical en Netflix, y SOM Produce tiene previsto su estreno en español también para este mismo año en Madrid.

Entre 2010 y 2020, algunos creativos que en la anterior década habían disfrutado del favor del público y la crítica intentaron repetir su éxito, pero no lo consiguieron. Por ejemplo, SPIDERMAN, con música de U2 y dirección de Julie

Taymor, tuvo el presupuesto más caro de Broadway en la historia, 75 millones de dólares, pero fue una producción muy accidentada, que desde que se anunció que se estrenaba (noviembre de 2010) hasta que finalmente abrió (junio de 2011) suscitó muchísima polémica, ya que varios actores se lesionaron realizando acrobacias, Julie Taymor terminó dejando el proyecto, y con el retraso del estreno los críticos terminaron publicando sus opiniones antes del opening oficial. Estuvo en cartel 3 años y "solo" recuperó 60 de los 75 millones que costó.

En esta década han seguido surgiendo jukebox, una manera "segura" de que el público conecte al conocer ya de antemano las canciones de los grupos o bandas que se usan como base. Los más destacables:

- AMERICAN IDIOT, la adaptación escénica del álbum conceptual homónimo editado por la banda de rock Green Day estrenado en Broadway en 2010 y dirigido por Michael Mayer, que ya había dirigido SPRING AWAKENING y entendía la rabia y la energía que quería transmitir el grupo con el disco
- BEAUTIFUL, estrenado en Broadway en 2014, sobre la vida de Carole King
- ON YOUR FEET!, estrenado en Broadway a finales de 2015, cuenta los inicios de Gloria Estefan y su marido Emilio frente a la banda Miami Sound Machine, y después de IN THE HEIGHTS, fue uno de los musicales que recuperó la presencia latina en Broadway. Además es destacable que Jerry Mitchell fue el director de este musical con tan buena energía. El show cuenta su vida desde que se conocen hasta que Gloria despega para emprender una exitosa carrera en solitario.
- THE BODYGUARD, no ha llegado a Broadway, solo ha hecho gira americana, pero se estrenó primero en Londres en 2012 y por supuesto, es una adaptación de la película con las canciones más conocidas de Whitney Houston. En España Stage Entertainment lo estrenó en Madrid en 2017 y LetsGo lo ha llevado de gira desde 2019.
- Y por último, en 2018, MOULIN ROUGE, bajo la dirección de Alex Timbers, donde los sets de Derek McLane y las coreografías de Sonya Tayeh hacen de este un espectáculo muy potente, que lleva al espectador por el mismo viaje en cuanto a experiencia que la película.

Gracias al Public Theatre surgieron dos grandes títulos—primero FUN HOME en 2013 que no llegó a Broadway hasta marzo de 2015 y después HAMILTON, por supuesto, que tuvo un impacto mucho mayor, y llegó a Broadway en julio de 2015, donde aún sigue en cartel.

FUN HOME está basado en la novela gráfica de Alison Bechdel, una artista homosexual que analiza a través de la obra la relación con su padre, que acaba de fallecer, el cual durante toda su vida guardó muchos secretos, principalmente la doble vida que le oculta a su familia. La novela fue adaptada a un musical del mismo título con libreto y letras de Lisa Kron y música de Jeanine Tesori, y es el primer musical convencional sobre una joven lesbiana. Obtuvo 5 Premios Tony en 2015, incluyendo Mejor Musical, Mejor Música y Letras, Mejor Libreto, Mejor Dirección y Mejor Actor para Michael Cerveris. La producción de Broadway tenía la particularidad de que se hacía a cuatro bandas en el teatro Circle In The Square. Se estrenó en versión catalana en 2018 dirigida y protagonizada por Daniel Anglès.

Y ese mismo año llegó la revolución con HAMILTON. Mientras estaba todavía IN THE HEIGHTS en cartel, Lin-Manuel Miranda grabó un álbum de hip hop llamado "The Hamilton Mixtape", tomando como base la vida de Alexander Hamilton. Ese trabajo fue creciendo a lo largo de 10 años, hasta el show que hoy conocemos como el game changer definitivo, el show que ha dado la vuelta a la tortilla en lo que se refiere a cómo contar una historia a través de la música, las letras, las coreografías, la iluminación y cada detalle que forma parte de un show, de manera, como OKLAHOMA! hizo en su momento, integrada.

Partiendo del mixtape, el musical se presentó en el Public Theatre a comienzos de 2015. De la misma manera que A CHORUS LINE generó un fenómeno en el Off que rápidamente se extendió con el boca oreja, así HAMILTON, que saltó en cuestión de meses al circuito comercial, habiendo probado que era un éxito seguro.

El musical cuenta la historia de Alexander Hamilton, un joven abogado nacido en el Caribe, huérfano, que llegó a Nueva York y que en 1777 se convirtió en secretario de George Washington, jefe del ejército que se rebeló para conseguir la independencia de Norteamérica de las trece colonias británicas y luchó por formar una nación con los trece Estados confederados, contribuyendo a la elaboración de la Constitución de los Estados Unidos (1787), actuando como líder de los llamados republicanos frente a los llamados demócratas liderados por Jefferson.

Hamilton fue nombrado secretario del Tesoro, creó la moneda nacional (el dólar), un Banco federal y una Administración tributaria saneando el crédito del Estado en los mercados internacionales, orientando una política comercial proteccionista, fomentando el crecimiento industrial sobre la reserva del mercado interior para los productores nacionales y gobernando conscientemente en favor de la elite capitalista en la que confiaba para hacer crecer al país. Todo esto fueron sus logros políticos y esto se cuenta a través de dos horas y media de hip hop y rap mezclado con jazz, gracias no solo al ingenio de Lin-Manuel Miranda, sino a su brillante equipo liderado por Thomas Kail (dirección), Andy Blankenbuehler (coreografía), Alex Lacamoire (dirección musical), y la incorporación de Howerll Binkley en iluminación más David Korins en escenografía.

En el musical no hay prácticamente diálogos, es un sung-through. Se ha convertido en el equivalente de LOS MISERABLES para los americanos. El logro de este equipo fue muy grande porque desde los 80 la hegemonía británica pesaba mucho en Broadway. Por primera vez en mucho tiempo HAMILTON era una bandera digna de ondear.

La noche del estreno en Broadway ya se vaticinaba lo que podría pasar con las entradas al conseguir formar una cola de 700 personas en la taquilla del teatro, encomendándose a su suerte, para poder conseguir una de las posibles devoluciones de última hora. Algo que se ha venido repitiendo a lo largo de varios años desde su estreno, con una venta anticipada espectacular y las colas diarias para devoluciones, lotería y reventa cuelgan diariamente el "sold-out" en taquilla.

Es cierto que cada cierto tiempo surge un musical en cartelera que desata pasiones y se considera una cuestión de vida o muerte el poder ver al reparto original o verlo simplemente. Esto ocurrió con RENT, luego con WICKED, luego con LOS PRODUCTORES y desde 2015 esto pasa con HAMILTON, especialmente en Broadway.

Puede que fuese que Lin-Manuel vio una coincidencia clara con personajes de la época que resuenan en la actualidad (véase la comparación entre Washington y Obama). Puede que haya sido también que el productor Jeffrey Seller y Lin-Manuel Miranda tengan un ojo para el marketing poco habitual y que incluso hayan aprovechado las colas que se hacen para ver el show durante los primeros años que ha estado en cartel para hacer lo que llamaron #Ham4Ham, una tradición que comenzó como una manera divertida para entretener al público que esperaba a la puerta y que terminó siendo un desfile de celebridades haciendo apariciones estelares cantando con los miembros del reparto. Por supuesto, esto potenciado por el hecho de que los videos se hacían virales instantáneamente y que coincidía con la lotería en la puerta, no hizo más que aumentar el interés y las ganas de ver HAMILTON.

Pero el fenómeno es imparable: Fue una fusión de todos los elementos que habían aprendido de producciones anteriores—el método de revenue management se hizo salvaje alcanzando precios desorbitados en reventa. Se

llegaron a vender entradas por 19.000 dólares para la última función de Lin-Manuel Miranda en julio de 2016. Y como el show era imparable, Lin-Manuel respondía con más amor por sus fans en redes sociales—compartió lo que llamó el Hamilton Mixtape en Spotify incluyendo versiones con gente tan dispar, desde Sara Bareilles al propio Barack Obama.

Uno de los ingredientes fundamentales para el éxito del musical fue su excelente reparto original en Broadway: Lin-Manuel Miranda (Alexander Hamilton), Renee Elise Goldsberry (Angelica Schuyler), Christopher Jackson (George Washington), Leslie Odom, Jr. (Aaron Burr), Anthony Ramos (John Laurens / Phillip Hamilton), Phillipa Soo (Eliza Hamilton) y Jonathan Groff (King George), que no hace sino remarcar el carácter inclusivo, racial, e internacional de este show.

El 12 de junio de 2016 HAMILTON se alzó con 11 premios Tony de los 16 por los que estaba nominado, la prueba ferviente del amor que Lin-Manuel, un Broadway Baby, había puesto en su bebé y estaba dando sus frutos. Como Lin dijo al recoger el premio, "Love is Love".

Obama saludando al cast original de Hamilton en Broadway, 2015.

Y las muestras de amor por el show no pararon. Ganó el Grammy a la mejor grabación de un musical teatral, el Drama League y el Premio Pulitzer de Drama 2016, galardón que hasta la fecha habían conseguido pocos musicales como OF

THEE I SING (1932), SOUTH PACIFIC (1950), A CHORUS LINE (1976), SUNDAY IN THE PARK WITH GEORGE (1985), RENT (1996) y NEXT TO NORMAL (2010).

Cameron Mackintosh apostó por HAMILTON y abrió las puertas de un renovadísimo Victoria Palace Theatre en noviembre de 2017, donde aún se representa y gracias a un acuerdo millonario con Disney Plus de 25 millones de dólares, ahora todo el mundo puede disfrutar de este nuevo "game-changer" del Teatro Musical Americano desde julio de 2020.

El año del triunfo de HAMILTON en los Tony se presentaba en el Off Broadway otro musical que se ha convertido en un fenómeno entre los jóvenes: DEAR EVAN HANSEN. Es importante mencionar a sus autores y encuadrar este musical ganador del Tony dentro de su carrera.

Benj Pasek y Justin Paul, son el equipo conocido como Pasek & Paul. Juntos han comenzado a destacar pronto porque han compuesto varios temas para la segunda temporada de SMASH y consiguieron el premio Lucille Lortel (que se entrega a los shows más destacados Off Broadway) por DOGFIGHT, además de conseguir la nominación al Tony por A CHRISTMAS STORY. Captaron la atención mediática internacional a raíz del bombazo que supuso la película LA LA LAND en 2016, y que la canción "City of Stars" para la que escribieron la letra, ganó entre otros el Golden Globe y el Oscar a la mejor canción original. Entre sus trabajos más recientes se encuentra la banda sonora para la película musical THE GREATEST SHOWMAN (2017) protagonizada por Hugh Jackman basada en la vida del promotor circense Barnum con la que han ganado el Golden Globe a la mejor canción por "This is me" y fue nominada al Oscar a la mejor canción original. Además son los autores de las nuevas canciones para la película de acción real de ALADDIN.

El proyecto de DEAR EVAN HANSEN partió de esta pareja de compositores junto al libretista Steven Levenson, y que no está basado en ninguna película ni novela, sino en un episodio real ocurrido en los años de escolar de Benj Pasek. La historia de Evan Hansen es un cuento del outsider que todos llevamos dentro, como rezaba su cartel original. Evan Hansen es un chico con problemas de ansiedad para relacionarse con la gente. Cuando un día está llevando a cabo un trabajo propuesto por su terapeuta en el que tiene que escribirse un correo a si mismo animándose para seguir adelante, un estudiante de su instituto se mete con él y termina llevándose ese mail. Cuando este "bully", Connor Murphy, se suicida, sus padres se encuentran el mail que se llevó que comienza con 'Dear Evan Hansen', y el malentendido da pie a una historia sobre el intento de encajar en el mundo y de

aceptarse a uno mismo. Una muy buena historia, que tiene momentos cómicos muy buenos pero que llega rápidamente al público, que se emociona con esta historia, público eminentemente joven, que se reconoce en el personaje "invisible", con dificultades para relacionarse y con una tremenda necesidad de autoestima y afecto, haciendo viral el hashtag #YouWillBeFound.

La obra se presentó primero en Washington en verano de 2015, y de ahí saltó al Off Broadway en marzo de 2016, con un elenco estelar encabezado por Ben Platt como Evan Hansen y Rachel Bay Jones como su madre, Heidi. La dirección corrió a cargo de Michael Greif, el director de RENT y NEXT TO NORMAL. Este elenco saltó a Broadway a finales de 2016.

La creación del personaje de Evan Hansen es una obra maestra. La manera en que alterna su vis cómica con su parte más emotiva, en la que desnuda su alma para reconocer la mentira en 'Words Fail' es un showstopper y un eleven o'clock number como pocos. El clímax del show le puso en bandeja a Ben el Tony al Mejor Actor y el camino al cine (aunque ya había participado en PITCH PERFECT) y TV, como ha ocurrido. Por fin, después de mucho tiempo, en esta década, las estrellas de Broadway han vuelto a ser populares. En la gala de los Tony de 2017 se convirtió en la gran ganadora de la noche al conseguir seis de los premios más importantes incluyendo el de Mejor Musical. En 2021 se ha estrenado la versión cinematográfica.

Importante mencionar que en esa gala competía otro musical que fue un proyecto muy innovador pero que ha caído en el olvido por su complicación técnica principalmente. Hablamos de NATASHA, PIERRE AND THE GREAT COMET OF 1812. Esta obra de Dave Malloy está basada en Guerra y Paz de Tolstoi y fue un musical totalmente inmersivo en Broadway, aunque algo así ya se había hecho en los 70 con CANDIDE.

Algo bueno nació de THE GREAT COMET y es que la compositora Anaïs Mitchell contactó con Rachel Chavkin, la directora del show, para su nuevo proyecto— HADESTOWN. Este musical cuenta el mito de Orfeo y Eurídice, narrado por Hermes rompiendo la cuarta pared desde el principio, y en el que están involucrados Perséfone y Hades. Todo a través del jazz y canciones folk, y con una estética entre lo contemporáneo y el steam punk. Se estrenó en el New York Theatre Workshop en junio de 2016 y se pudo ver en el National Theatre de Londres en 2018. En abril de 2019 se estrenó en Broadway, y rápidamente se convirtió en el musical de la temporada, consiguiendo trece nominaciones a los premios Tony de los que ganó ocho incluidos el de Mejor Musical.

En marzo de 2020 el mundo se vio paralizado por el COVID y todas las producciones teatrales desde Nueva York a Madrid se cerraron. Grandes títulos estaban en cartel, algunos de los cuales han visto afectada su permanencia con las clausuras intermitentes en las diferentes olas debidas a la situación sanitaria mundial. Uno de los musicales más cercanos a la música popular que ha llegado a Broadway es SIX, de Lucy Moss y Toby Marlow. Es una idea tan original como un concierto de una banda formada por las seis esposas de Enrique VIII el rey de Inglaterra, en el que van a cantar sus historias para ver cuál sufrió más con él para convertirse en la líder de la banda.

También esta temporada que se quedó paralizada en 2020 y se ha extendido hasta 2022 ha visto cómo llegaba a Broadway el último revival de COMPANY con Stephen Sondheim presente, ya que el autor que ha inspirado a tantas generaciones falleció el 26 de noviembre de 2021.

El streaming ha ayudado a que se hayan dado a conocer nuevos proyectos durante el confinamiento, haciendo que el género evolucione hacia una nueva era. A raíz del cierre de los teatros, se ha progresado mucho en la emisión de grabaciones profesionales de grandes musicales en plataformas como BROADWAY HD, y también se ha aprovechado la atención y el impacto generado por redes sociales como TikTok para presentar trabajos que de otra manera no habrían llegado a verse nunca. Estamos ante una revolución creativa que en los próximos años puede ayudar a descubrir a los nuevos Lin-Manuel Miranda, Jonathan Larson o Pasek & Paul. En septiembre de 2021 después de más de un año y medio de espera, Broadway reabrió sus puertas.

Por lo tanto, está claro que lo que cuenta no es solo lo que pasa en esa "Broadway Box", o lo que pase en Madrid o Barcelona. Este es un arte mundial que tiene más de 2500 años de historia, y América solo ha sido protagonista 150 años. No hay fronteras para el Teatro Musical. Mientras que el musical siga hablando al público en su lenguaje y contando historias que les interese, habrá Broadway, habrá musicales. El show siempre debe continuar.

HOLLYWOOD Y BROADWAY
– UN ROMANCE DE CINE

odos conocemos películas musicales como SINGIN' IN THE RAIN, THE SOUND OF MUSIC o más recientemente LA LA LAND, pero no todos ellos nacieron en la gran pantalla ni tampoco todos se han convertido exitosamente en musicales teatrales. Sin embargo, el celuloide ha servido de altavoz para Broadway desde comienzos del siglo XX y ha hecho mundialmente conocidos nombres como George Gershwin, Gene Kelly o Rob Marshall, que son, todos ellos, Broadway Babies.

Por eso, vamos a ver cómo la historia del cine musical de Hollywood que vamos a recorrer en este capítulo tiene un paralelismo muy grande con el desarrollo del musical en Broadway porque al final el éxito de uno ha sido la inspiración de otro toda la vida. Aunque uno ha mirado por encima del hombro a otro, al final se han terminado reconciliando.

El affair entre Broadway y Hollywood se remonta a 1927, cuando se estrenaba en Broadway SHOW BOAT y en la gran pantalla se ponía a prueba un experimento por el que la mayoría de estudios cinematográficos no daba ni un duro: THE JAZZ SINGER. Con solo dos meses de diferencia, en octubre de ese año Jerome Kern y Oscar Hammerstein II convertían en obra teatral musical la novela de Edna Ferber y a finales de diciembre Al Jolson cantaba por primera vez 'Mammy' en EL CANTOR DE JAZZ, en unas pocas salas de cine en Norte América, primero, y terminó siendo una revolución en todo el país que pedía que todas las salas se modernizasen e incluyeran la dotación técnica suficiente para poder ver y escuchar los "talkies", que era como se llamaba a las películas sonoras al principio.

Antes de que el cine musical fuese lo que es, este miraba y reverenciaba Broadway como una fuente de espectáculo que el cine no había conseguido emular todavía. De hecho, todo Hollywood decía que esto de las películas sonoras era una moda (citando concretamente a Charles Chaplin), que nada podía sustituir a la experiencia de ver teatro en vivo, y tenían razón. En Broadway había grandes dramas, grandes comedias, grandes cómicos y chicas bellísimas que bajaban esas largas escaleras en los Follies de Ziegfeld. Pero poca gente podía permitirse ir hasta Nueva York y pocas eran las giras que salían de Broadway con el mismo glamour y el mismo encanto que tenían en Broadway. Sin embargo, por solo 5 céntimos podías disfrutar de una película en el cine de barrio.

Por eso, Hollywood estaba enamorado de Broadway, quería crear la magia de los musicales en la gran pantalla y solo dos años después de THE JAZZ SINGER, la MGM estrenaba su primera película musical al estilo que se conocería como 'All Talking, All Singing, All Dancing', con el que se sacaría a relucir cada nuevo avance tecnológico, presentado estilo Broadway, y Technicolor: THE BROADWAY MELODY OF 1929. No 'The Hollywood Melody', así de obsesionados estaban en Hollywood con el estilo de Broadway, y fue la primera película musical en ganar un Oscar.

Pero el crack de la bolsa de Nueva York del 29 azotó la economía y entró en la Gran Depresión. De repente casi ningún productor de Broadway (salvo Ziegfeld, y mal) podía permitirse montar ningún gran musical teatral. Es más, poco público podía permitirse comprar una entrada, ni siquiera la élite neoyorquina. Los creativos no tuvieron más remedio que migrar hacia el oeste, y ahora era Hollywood el que tenía la sartén por el mango, se habían vuelto las tornas.

De todos modos, en Hollywood eran realistas porque sabían que desde Nueva York se miraba la industria del cine como unos ignorantes que no sabían de arte y que los creativos de Broadway eran mucho más cultos y elevados. George Gershwin opinaba que "Hollywood te ofrece coger moreno en la playa y llenarte el bolsillo de dinero", así que tanto los hermanos Gershwin, como Cole Porter, Irving Berlin y todos los grandes del Tin Pan Alley se fueron a componer para las nuevas películas musicales.

Los estudios querían explotar la novedad rápidamente, y entre 1927 y 1932 grabaron muchísimo material, estirando sus músculos financieros y creando una simbiosis que redefiniría el negocio en Broadway: Para empezar compraban los derechos de las canciones del Tin Pan Alley, y las películas eran o bien revistas como THE KING OF JAZZ, una versión grabada de la obra de teatro como SALLY o SHOW BOAT en 1929 o una historia inventada sobre un romance entre bambalinas que daba glamour a la fuente de la música como THE BROADWAY MELODY o BROADWAY BABIES. Por desgracia esto hizo que Hollywood se empachara de los "All Talking! All Dancing!" escribiendo incluso Variety en 1930 que "los films musicales eran tabú".

La manera de hacer películas musicales en Hollywood difería bastante a la de hacer teatro musical en Broadway. En Nueva York, crear un musical era un arte colaborativo. Cuando Hollywood compraba los derechos de un musical, este no llegaba intacto a la gran pantalla. Los depredadores de los estudios podían eliminar parte o todo el libreto, incluso haciendo lo mismo con la partitura. Obviamente la versión cinematográfica no tiene por qué coincidir con la teatral,

pero hay cambios demasiado sustanciales. Por ejemplo, cuando en 1936 la Paramount decidió convertir en película musical el éxito de Broadway ANYTHING GOES, se cambió completamente para favorecer la importancia de su protagonista Bing Crosby, convirtiendo la película en un sinsentido.

Tuvo que venir el director y bailarín de Broadway Busby Berkeley para concebir un nuevo estilo de dirección en las películas musicales como en 42ND STREET, haciendo que el film no fuera estático sino tan dinámico como sus contrapuntos sobre el escenario. La Warner hizo que siguiera ese ritmo con una estela de éxitos como GOLDDIGGERS of 1933 o DAMES, con sus desmesurados conceptos y visiones caleidoscópicas. Así cada estudio tenía su estilo: Paramount, elegante y sofisticado; MGM, brillante y pretencioso y la RKO... Fred Astaire y Ginger Rogers. Así Hollywood consiguió hacer viajar a una América depresiva. Busby Berkeley tuvo además una gran suerte con los compositores Al Dubin y Harry Warren, que escribieron temas tan legendarios como 'Lullaby of Broadway' para 42ND STREET. No es que la historia de repente tuviese más importancia, pero no era únicamente la grabación de una obra de teatro estática, sino que el brillo y el glamour se captaba de una manera más elegante.

La única excepción en la que una película musical en los años 30 no tenía que ver con un romance entre bambalinas o sobre cómo se salvaba un show con la típica historia de la chica de pueblo que se convertía en estrella de la noche a la mañana, es THE WIZARD OF OZ, de Víctor Fleming, en 1939. Fue producida también por la MGM, como las primeras películas musicales, y es considerada uno de los mejores films de la historia. Perdió en los Oscars frente a GONE WITH THE WIND, pero sí que ganó el Oscar a la Mejor canción por 'Over The Rainbow', interpretada por Judy Garland.

Justamente en la misma década en que Broadway se enteró que la mejor manera de contar una historia en un musical era integrándola en las canciones y en los bailes de manera orgánica, con OKLAHOMA! en 1943, las películas musicales también cambiaron, con producciones aún más radiantes, pero integradas, donde los grandes números servían para contar historias. La teoría, como en Broadway, es que las canciones y los bailes servirían para hacer avanzar la historia, y en la práctica esto hizo que la gente adquiriese la convención de que en los musicales cualquier excusa era buena para ponerse a cantar y bailar.

The Wizard of Oz. Lobby Card de MGM, 1939.

Los musicales que vamos a destacar (con excepción de CABIN IN THE SKY) en esta época de madurez, de independencia de Hollywood con respecto a Broadway, son completamente originales y hechos para la gran pantalla, lo cual marca una gran diferencia porque no son títulos que se aprovechan del éxito en teatro.

Hablar de la época dorada de Hollywood y el cine musical es hablar del director Vincente Minnelli, uno de los cineastas más personales y versátiles de la cinematografía estadounidense. Nació en una familia de músicos y artistas, y comenzó trabajando en Broadway, incluso como director artístico del Radio City Music Hall. Debutó dirigiendo la versión cinematográfica de un musical de Broadway llamado CABIN IN THE SKY, con Ethel Waters y Louis Armstrong, entre otros, en 1943. En él, ya se demostraban los rasgos característicos de los films de Minnelli. Hombre tenaz, insistió y peleó con ahínco hasta convencer a la MGM y a la propia Judy Garland para realizar MEET ME IN ST. LOUIS, con quien se casaría en 1945 y fruto del matrimonio es la actriz Liza Minnelli. El filme se estrenó en 1944 y fue un rotundo éxito. MEET ME IN ST. LOUIS incluía, entre otros números, la excelente canción 'The Trolley Song'. Poco después rodaría el remake de los

ZIEGFELD FOLLIES, en 1946, recreando momentos estelares de las películas de la MGM.

Su punto más álgido llegó con AN AMERICAN IN PARIS, estrenada en 1951, Con música de George Gershwin, y protagonizada por Gene Kelly y Leslie Caron, narra la historia de un pintor americano, Jerry Mulligan (Gene Kelly), que se queda en París tras el fin de la Segunda Guerra Mundial. No vende un cuadro ni de casualidad hasta que una americana millonaria decide promocionarlo. Al mismo tiempo, este conoce a una dependienta (Leslie Caron) y se enamora de ella. Obtuvo en 1952 ocho nominaciones a los premios de la Academia, de los que consiguió seis, incluyendo el de Mejor película.

Y de un amante de Broadway y de Hollywood a otro, que aportó muchísimo al panorama del cine musical en esta época. Hablo de Stanley Donen. Este será siempre recordado por sus películas con Gene Kelly, con quien formó una de las parejas artísticas más destacadas del séptimo arte gracias a obras como ON THE TOWN o SINGIN' IN THE RAIN. Pero esa relación surgió muchos años atrás, cuando Donen, con 16 años, llegó a ser bailarín en producciones de Broadway a comienzos de la década de 1940. Desde pequeño, se refugió en las películas huyendo de los abusos en clase, por ser judío en el sur de Norte América, y viendo películas como FLYING DOWN TO RIO, de Fred Astaire y Ginger Rogers. Ahí surgió el amor por el género.

Con el objetivo de recrear esa magia y escapismo, trabajó por primera vez con Gene Kelly, bajo las órdenes de George Abbott, en PAL JOEY. Ahí a Kelly le ficharon para convertirse en una estrella de cine y éste le pidió a Stanley Donen que se convirtiera en su asistente para las coreografías. Así llegaron de la mano a Hollywood, que les abrió las puertas con Rita Hayworth y COVER GIRL (1944), la película que convirtió a Kelly en estrella y que dio pie a nuevas colaboraciones entre ellos en ANCHOR AWEIGH, en la que Gene bailó con el ratón Jerry y esta escena llevó un año de trabajo en postproducción.

La química entre ambos era tal que, finalmente, Arthur Freed, uno de los grandes productores de los musicales de Metro Goldwyn Mayer, confió en ellos para rodar ON THE TOWN (Un día en Nueva York), con música de Leonard Bernstein y letras y libreto de Betty Comden y Adolph Green, que supuso además el debut tras las cámaras de Kelly y Donen, y el primer musical con escenas rodadas en las calles de una gran ciudad.

Poster de Singin' In The Rain, 1952.

Tras el éxito de su ópera prima, MGM le hizo un contrato de siete años y rodó ROYAL WEDDING (con su ídolo de la infancia, Fred Astaire, a quien puso a bailar por las paredes y los techos) y LOVE IS BETTER THAN EVER (con una jovencísima Elizabeth Taylor) antes de crear junto a Kelly SINGIN' IN THE RAIN (1952). La cinta se considera el musical más célebre de todos los tiempos, con secuencias inolvidables como la de un Kelly empapado pero radiante de alegría mientras canta, baila y chapotea en el agua acompañado de su paraguas negro.

Los escritores Adolph Green y Betty Comden (que hemos visto que fueron los autores de ON THE TOWN) descubrieron que la MGM tenía un repertorio de maravillosas canciones que se habían usado poco de los primeros años del cine sonoro. Esto les inspiró a usar estas melodías como base de su guión sobre el ensayo-error en la época en que se introdujo el sonido en el cine.

Kelly interpretaba a una estrella de cine que se enamora de una aspirante a actriz intepretada por Debbie Reynolds. Su maravillosa voz hace que consiga un lugar junto a el en las nuevas películas habladas, apartando a la chillona primera actriz. A través de algunas de las secuencias más exuberantes y memorables de las comedias musicales de Hollywood, SINGIN' IN THE RAIN explora los dilemas del tránsito hacia el cine sonoro. Siendo como era un perfeccionista, encontró el modo de incluir un número de fantasía con Cyd Charisse en el que se retratase la Melodía de Broadway. Gene Kelly participó también con ella en BRIGADOON, y fue pareja de Fred Astaire en THE BAND WAGON. De ella Vincente Minnelli decía que era "una diosa de la elegancia al bailar".

CANTANDO BAJO LA LLUVIA es el ejemplo de que no siempre es buena idea convertir en musical de Broadway un gran éxito de cine. Su versión teatral fue un flop grande, en 1983, primero en Londres y luego en Nueva York. En España ha habido se ha llevado a las tablas primero en 2005 de la mano de Ricard Reguant y en 2021 gracias a Nostromo Live, dirigido por Àngel Llàcer y Manu Guix.

Después de SINGIN' IN THE RAIN, Stanley Donen dirigió pocos musicales más, la época dorada de Hollywood empezaba a pasar factura, y una factura muy cara que pocos estudios estaban dispuestos a pagar. Rodó SEVEN BRIDES FOR SEVEN BROTHERS, IT'S ALWAYS GOOD WEATHER (la última cinta que hizo con Gene Kelly porque su relación se fue deteriorando con los años) y FUNNY FACE.

Desgraciadamente, la Academia de Hollywood nunca nominó a Stanley Donen en la categoría de mejor director, pero sí decidió entregarle el Óscar honorífico en 1998 de manos de Martin Scorsese. Donen, con su humor habitual, decidió dar las gracias cantando el clásico "Cheek to Cheek", de Fred Astaire, y deleitando al público con pequeños pasos de baile rememorando sus fastuosas obras del pasado. En su discurso, dijo que el secreto para ser un buen director es rodearse de los mejores en cada campo y, "cuando comienza el rodaje, aparecer y no te entrometerse en sus labores".

Al igual que Broadway, y aquí tenemos otro paralelismo, al final de los 50 y comienzo de los 60, la década de JFK, con la pelea por los derechos civiles, y la guerra de Vietnam, las películas musicales necesitaban ser cada vez más realistas y tener que ver con menos asuntos glamurosos. A Hollywood se le agotan las ideas originales y necesita una dosis de creatividad. Desde Broadway llegaron dos títulos que salvaron los estudios del batacazo—WEST SIDE STORY en 1961 y THE SOUND OF MUSIC, en 1965, ambos dirigidos por Robert Wise. Poco podemos añadir sobre lo que es WEST SIDE STORY, aparte del hecho de que su estreno en Broadway se vio eclipsado en 1957 por otro título, THE MUSIC MAN. Sin embargo, cuando Tony y María saltaron al cine gracias a la productora United Artists, se convirtió en el éxito que hoy día conocemos. Entre otras cosas porque, volvemos a lo de antes, esta historia sobre "americanos" del West Side de Nueva York y puertorriqueños, que poco les interesaba a los espectadores de Broadway de repente sí que les interesaba a los espectadores de cine, y además la partitura de Bernstein, que en Broadway sonaba más limitada, de repente tenía una orquesta enorme para el film de Wise que hacía que esas canciones que parecían para ópera se pudieran tararear como si fuera el 'Night and Day' de Cole Porter o el 'I Got Rhythm' de Gershwin.

Boris Leven, diseñador de producción de la película de 1961, sabía muy bien cuál era la clave para trasladar la obra de Broadway al cine: "Vamos a coger la imagen, el espíritu y el alma de la obra teatral WEST SIDE STORY y vamos a volverlo a contar a nuestra manera. Vamos a recrear la poesía, el drama y esta hermosa historia de amor para la pantalla, no para el teatro. Vamos a crear un estilo aplicable para nuestro medio." Ese fue el gran acierto de este musical y por eso es de los pocos títulos del top 10 de cine musical que es éxito tanto de Broadway como de Hollywood, porque en cada uno de los medios tiene su propio estilo que funciona a la perfección.

El otro hit de Robert Wise llegó solo 4 años más tarde, cuando los genios del Teatro Musical en Broadway, Rodgers y Hammerstein, parecía que no podían llegar más alto y cuando la 20th Century Fox ya no podía perder más dinero, con

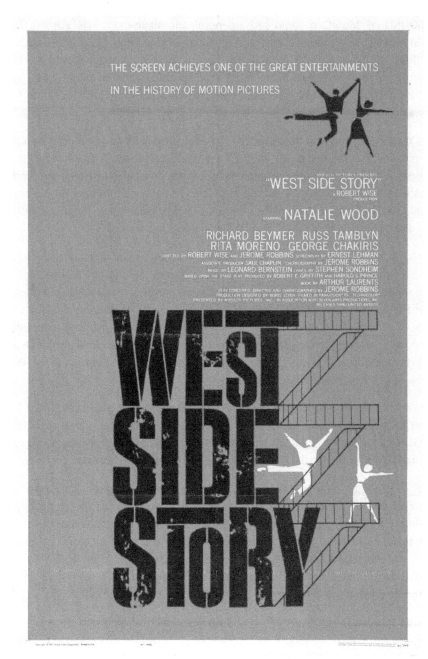

Poster promocional de la versión cinematográfica de West Side Story, 1961.

THE SOUND OF MUSIC, o como se ha denominado alguna vez, THE SOUND OF MONEY (consiguió en taquilla más que ninguna película americana, más que EL PADRINO, TIBURÓN o STAR WARS). De hecho, la FOX estaba a punto de la bancarrota, pero el megaedulcorado musical conocido mundialmente salvó al estudio y de hecho está ahí con SINGIN' IN THE RAIN como Mejor Musical de la historia del cine.

Su realización es todo un hito histórico, plagado de anécdotas, secuencias de un colorido espectacular, como por ejemplo ese vuelo de cámara a través del cielo para enfocar a una Julie Andrews en plena facultades de su incomparable voz. Con un coste de 8 millones de dólares, fue producida por el propio Robert Wise y por Samuel Chaplin. Obtuvo 10 nominaciones a los Oscar y ganó 5, a la mejor película, mejor director, mejor montaje, y a su inigualable banda sonora.

¿Pero se dice Banda Sonora o Cast Recording? Este es un concepto que muchas veces se confunde. Los discos grabados con la música de una película se llama banda sonora o soundtrack en inglés, y se llama así porque en una película de cine hay una banda de video y una banda de audio. Esa banda de audio era la que se pasaba a un disco y se comercializaba. Cuando una producción teatral graba el disco con la partitura de la obra eso es un cast recording, y su nombre se debe a que está grabado por el cast, por el reparto, original de la obra, ya sea en Broadway, Londres, Madrid, Mexico o Lima.

Con lo cual, si tienes el disco con las canciones del musical de Broadway WICKED, eso no es la banda sonora de WICKED y si tienes el disco con la música de la película FROZEN eso no es el cast recording de FROZEN. Es un error muy común y como fans y profesionales del género debemos distinguir entre ambos.

Como curiosidad, la primera banda sonora grabada en disco de vinilo y comercializada fue, como no podía ser de otra manera, la de la primera película de animación Disney, de 1938, Snow White and the Seven Dwarfs, Blancanieves y los siete enanitos. Y el primer cast recording grabado en disco por el elenco original de una producción de Broadway fue el de OKLAHOMA! en 1943. Decca Records decidió que se debería preservar la experiencia de ese gran cast grabándolo en un disco exactamente como sonaba en la función teatral.

Antes de pasar a la siguiente década, debemos comentar algo que ocurrió con frecuencia en los 60. Hemos hablado de que Julie Andrews protagonizó THE SOUND OF MUSIC en 1965, pero es que justamente un año antes se había hecho inmensamente popular gracias al nuevo film de acción real de Disney MARY

POPPINS que era, en efecto, un musical. Su llegada a este título se debió a una injusticia que era bastante común cuando al pasar de un musical de Broadway a su versión en la gran pantalla hacía falta una cara conocida para que los estudios pudieran vender la película a nivel mundial.

En 1956 se estrenó MY FAIR LADY, escrito por Alan Jay Lerner y Frederick Loewe, que superó todos los records de permanencia hasta la fecha. Está basado en la comedia de George Bernard Shaw Pygmalion, y fue un proyecto que todas las grandes actrices de la época rechazaron porque no le veían futuro. Lo acabó haciendo una joven británica poco conocida—Julie Andrews. Rex Harrison fue Higgins tanto en Broadway como después en Londres y sobre todo en la película de 1964, dirigida por George Cuckor. Desgraciadamente, y aunque el talento de Andrews era innegable, haciendo que repitiese el papel en Londres también, Jack Warner, presidente de la Warner Bros en esa época, decidió que su cara no era lo suficientemente atractiva para el cine. En su lugar le ofreció el papel de Eliza a Audrey Hepburn. Lógicamente su elegancia es palpable y su estilo sería copiado innumerables veces incluso hasta ahora, pero fue una injusticia lo que ocurrió con Julie Andrews.

Pero la vida es justa y gracias a este movimiento muy poco inteligente de Warner, Julie estaba libre para hacer un pequeño papel... el de Mary Poppins. Ese mismo año las dos actrices, las dos "ladies" competirían en los Globos de Oro y Julie venció, demostrando una gran elegancia en un discurso que terminó con "Mi agradecimiento al hombre que hizo una maravillosa película y que hizo posible este premio desde el principio, el Señor Jack Warner."

La mayor injusticia que nunca se vio saldada fue la que le ocurrió a Marni Nixon que es considerada la voz fantasma de Hollywood. Detrás de las voces de Deborah Kerr en la versión cinematográfica de THE KING AND I, o de Natalie Wood en WEST SIDE STORY o Audrey Hepburn en MY FAIR LADY siempre estaba ella, la encargada de doblarlas en las canciones de los musicales. A lo largo de los años cincuenta y sesenta Nixon fue esa figura invisible que los productores esconden en sus títulos de crédito, un secreto que todo Hollywood conoce pero que la industria oculta como si se tratara de un tabú. Como curiosidad, Marni aparece en una escena de THE SOUND OF MUSIC, como una de las monjas del convento al que pertenece la protagonista. Para quien sea un enamorado del cine musical y haya visto SINGIN' IN THE RAIN, reconocerá una historia así, porque su protagonista, Kathy Selden, se ve forzada a doblar a Lina Lamont, y nunca se le reconoce su valor, hasta el final de la película.

En los 70, con el público empachado de musicales y con el propio género casi destruyendo varios estudios, el musical tuvo que tomar una nueva dirección, y esta llegó gracias a Bob Fosse. Gracias a su inteligente movimiento, lleno de intención social y realizado de una manera bellísima con CABARET en 1972. La película está protagonizada como ya sabéis por Liza Minnelli, la hija de Judy Garland y Vincente Minnelli, ambientada en el Berlin de los años 30 y es una recreación muy aguda del mundo perverso y confuso de la Alemania de Weimar. La conciencia social siguió en esa misma década gracias a películas musicales como HAIR de Milos Forman, en 1979.

En esta década ya se había perdido por completo la inocencia de esas películas de la MGM que se habían hecho 30 años antes, en las que la música y el baile eran obras maestras llenas de energía con fe en el poder de la danza y la canción y con la creencia religiosa de que Hollywood era el gran heredero del entretenimiento. Sin embargo, un nuevo musical estaba estrenándose en Broadway y pocos años después llegaría a la gran pantalla que aunaría la energía juvenil y el poder de la música y el baile en el cine. Hablo de GREASE, que nació en Broadway en 1972 y llegó al cine en 1978.

Es el tipo de musical que gusta al gran público: Desenfadado, pegadizo, con bailes, coreografías y final feliz, no estamos para complicarnos más la vida. Aun así, siendo lo que es, en su favor se puede decir que no trata de engañar a nadie y por él han pasado los protagonistas más impensables desde Patrick Swayze, Brooke Shields, a un joven Richard Gere que interpretó a Danny Zuko en Londres.

La película introduce algunos cambios con respecto al musical original y se encargaron canciones nuevas a otros compositores: 'Grease' a Barry Gibb de los Bee Gees que en la película suena en los títulos de crédito y la canta Frankie Vallie (uno de los personajes protagonistas del musical JERSEY BOYS) o 'Hopelessly devoted to you' y 'You're the one that I want' que escribió Frank Ferrar, compositor y productor habitual de Olivia Newton-John, temas que hoy son imposibles de imaginar separados del musical.

Antes comentaba que el primer disco de una película musical fue de una película de animación y es que es imposible hablar de cine musical y no hablar de las películas Disney, especialmente de su renacimiento en los años 90 con films como BEAUTY AND THE BEAST o THE LITTLE MERMAID.

Los elementos que todo el mundo identifica con las películas animadas Disney son Luz, color, humor y buenos sentimientos pero hay otro no menos importante y

son las canciones, una baza fundamental para que la película se aposente en el recuerdo. En un viaje por Europa a comienzos de su carrera Walt Disney observó que cuanto más musicales eran sus cortos mejor eran recibidos por los niños de habla no inglesa. Con esa vocación universal Disney decidió que a partir de entonces todas sus producciones tendrían como elementos centrales la música y las canciones.

Al principio en sus cortos—Las SILLY SIMPHONIES del 1929 al 1939, los primeros largometrajes (BLANCANIEVES, DUMBO o PINOCHO), la gran apuesta que fue FANTASÍA, las películas con ritmos y temáticas latinas (SALUDOS AMIGOS o LOS TRES CABALLEROS), la gran década de los 50 (PETER PAN, CENICIENTA, LA DAMA Y EL VAGABUNDO y LA BELLA DURMIENTE...), los éxitos de los Sherman Brothers (MARY POPPINS y EL LIBRO DE LA SELVA) y por fin, el renacimiento en los 80 con LA SIRENITA, y la segunda década de oro de la compañía Disney en los 90 con Alan Menken como compositor fetiche.

Desde 2001 con el estreno de MOULIN ROUGE! De Baz Luhrmann se abrió un nuevo campo que no se estaba explorando que fue el jukebox en cine musical. Ya se había hecho dos años antes en teatro musical con MAMMA MIA! y los éxitos de ABBA, pero con este título se estaba ampliando mucho más el catálogo. Un nuevo paralelismo, y un nuevo toque de atención entre Hollywood y Broadway—si queréis llegar a un público más amplio, poned las canciones que suenan en la radio. Ya se había hecho mucho antes con SINGIN' IN THE RAIN, no dejaba de ser un jukebox de canciones populares americanas, pero en este caso estamos hablando de canciones internacionalmente conocidas y a un ritmo frenético, como en la MTV o VH1 y con grandes actores de éxito. Así fue como MOULIN ROUGE devolvió al género la relevancia que había tenido décadas antes.

Y desde ese año se sucedieron una serie de adaptaciones de musicales de Broadway que tuvieron como denominador común un ex bailarín de Broadway, Rob Marshall. Ahora es internacionalmente conocido por ser el director de la versión cinematográfica de CHICAGO, por la que ganó el Oscar, y también de NINE e INTO THE WOODS, que personalmente son dos grandes fracasos, ya que se pierde completamente la esencia de los originales. Pero debemos hablar de cómo su visión salvó CHICAGO en 2002, a la par que lo estaba haciendo desde unos años antes el revival de Broadway del 96.

De hecho, esta fue la última película musical en ganar el Oscar a la Mejor Película del año. Solo ha habido 10 que lo han conseguido: THE BROADWAY MELODY (1929), THE GREAT ZIEGFELD (1936), AN AMERICAN IN PARIS (1951), GIGI (1958),

WEST SIDE STORY (1961), MY FAIR LADY (1964), THE SOUND OF MUSIC (1965), OLIVER (1968), BEAUTY AND THE BEAST (1991) y CHICAGO (2002).

Ni todas las adaptaciones de Broadway han sido malas ni todas han sido buenas. Hay algunas que merecen mención como la de HAIRSPRAY o la de DREAMGIRLS, y otras que mejor dejar lejos como la de THE PHANTOM OF THE OPERA, RENT, CATS o DEAR EVAN HANSEN. De hecho, excepto EVITA, ningún musical de Webber ha estado bien tratado en cine, desgraciadamente.

Llegamos a la actualidad con dos títulos que tienen en común sus autores, Pasek y Paul, que son THE GREATEST SHOWMAN y LA LA LAND. El primero viaja al pasado en la tradición del amor de Hollywood por Broadway, que es LA LA LAND (2016), una cinta de Damian Chazelle, haciendo un homenaje continuo a la época dorada del musical de Hollywood y que desde su escena inicial sobre los coches en las autopistas de Los Angeles es un gran número de producción tras otro, hasta la escena final que es como el gran final de AN AMERICAN IN PARIS. Es una carta de amor que además, por la aceptación que ha tenido de público, supone la reconciliación de Hollywood y Broadway, y la confirmación de que un buen musical todavía puede ser optimista, colorido y grandioso, aunque el final no sea de color de rosa.

No así THE GREATEST SHOWMAN (2017), que apuesta por el sonido pop, más cercano a lo que busca el público de musicales con canciones cercanas al sonido de Broadway hoy en día. En ambos casos, los protagonistas son de primera y el resultado son dos obras maestras, y la música de estos autores, que se han criado en la tradición de Broadway, hacen que todo lo bueno que ha ido adquiriendo el género a lo largo de la historia se plasme y se ponga en práctica en los más recientes ejemplos de Cine Musical.

Durante la pandemia ha habido una proliferación de títulos musicales en el sector audiovisual: Desde la grabación de Disney+ de HAMILTON a la versión cinematográfica de THE PROM, en Netflix. Además en 2021 se ha agolpado el estreno de múltiples títulos de cine musical como IN THE HEIGHTS, TICK TICK…BOOM y WEST SIDE STORY, que demuestran que debido a la pandemia el sector audiovisual ha recogido el testigo del musical que no ha podido verse en teatro durante este tiempo y ofreciendo una amplia variedad de títulos para todo tipo de gustos.

Ante estos ejemplos, desde THE BROADWAY MELODY hasta el más reciente remake de WEST SIDE STORY, el cine musical se ha tenido que enfrentar siempre

al cinismo cada vez que en pantalla se cantaba, según sus detractores, a la mínima oportunidad dramática, pero en toda su historia, el cine musical ha demostrado en sus peores y sus mejores momentos que sabe caer y levantarse, reinventarse y mantener su espíritu y su genialidad.

EPÍLOGO Y UNA INVITACIÓN AL LECTOR

L a Historia del Teatro y del Cine Musical ha tenido infinidad de puntos de corte con la cultura popular, como has podido observar en este libro, con títulos que han trascendido como LOS MISERABLES, EL FANTASMA DE LA ÓPERA, WEST SIDE STORY, SONRISAS Y LÁGRIMAS o CANTANDO BAJO LA LLUVIA. A partir de aquí podréis entender muchas referencias, ya no solamente intrínsecas a los musicales, sino en cine y TV.

Desde los capítulos musicales de las series más populares (innumerables de episodios de LOS SIMPSON) hasta las referencias de unos musicales a otros (por ejemplo, de SOUTH PACIFIC en HAMILTON), Broadway forma parte de la cultura general desde hace décadas. Espero que con toda la información que has encontrado en este libro no solo estés atento y encuentres estos easter eggs escondidos en posters, libros y películas, sino que busques más información sobre los musicales que has descubierto.

Te animo a que escuches con atención los musicales de los que hablo en el libro, si es posible busca alguna grabación en internet y ve cómo unos han bebido de otros, que las generaciones venideras se empaparán de lo que han hecho las anteriores. Como primero hicieron Hammerstein y Rodgers, Cole Porter o Gershwin, y de ellos después Sondheim y de él después Larson y Lin-Manuel Miranda. Unos Broadway Babies aprendiendo de otros.

La tradición se ha transmitido de manera oral durante siglos, como habéis visto. Ahora el testigo lo tienes tú para que continues este legado, que cualquier artista que quiera formar parte de la industria de Teatro Musical debe tener en su conocimiento, con herramientas como las que ofrece GO Broadway, y que para todo amante del musical es un tesoro por descubrir.

¡Nos vemos en los Teatros!

BIBLIOGRAFÍA

- GÄNZL, Kurt. (2004) Musicals, The Complete Illustrated Story of the World's Most Popular Live Entertainment. London: Carlton Books.
- GREEN, Stanley. (1996) Broadway Musicals Show by Show. Milwaukee: Hal Leonard Corporation.
- HODGES, Drew. (2016) On Broadway. From Rent to Revolution. New York: Rizzoli International Publications.
- KANTOR, Michael y MASLON, Laurence (2004). Broadway, The American Musical New York. Boston: Bulfinch Press.
- KELLOW, Brian. (2007). Ethel Merman: A Life (English Edition). Penguin Books.
- KENRICK, John. (2017) Musical Theatre: A History. Bloomsbury Publishing PLC.
- MCLAUGHLIN, Robert L. (2016). Stephen Sondheim and the Reinvention of the American Musical. Univ Pr Of Mississippi.
- OSATINSKI, Amy (2019). Disney Theatrical Productions: Producing Broadway Musicals the Disney Way. Routledge.
- PRINCE, Harold (2019). Sense of Occasion. Applause.
- SANTAMARÍA RUIZ DE AZÚA, Íñigo / MARTÍNEZ FERNÁNDEz, Xavier (2016). Desde al Sur del Pacífico hasta más allá de la Luna. España: Guía del Libro.

AGRADECIMIENTOS

Gracias a toda la gente que en algún momento ha pensado que a pesar de que sea médico, "esto del teatro" no era tan mala idea, porque realmente siempre me ha llenado más.

Gracias a mi madre porque escuchaba como Camilo Sesto cantaba Getsemaní desde que yo era pequeño y seguramente de ahí empiece mi amor por el género. A mi hermano y a mi padre por apoyarme siempre.

Gracias a mi profesor Juan Luis Ugido, del Alfonso XII, porque sabía que películas como WEST SIDE STORY o EVA AL DESNUDO son dignas de devoción.

Gracias a Luis Miguel, a Lope, a Txema, a David, a Rober y a toda la gente con los que comencé a compartir mi afición por los musicales, que me ha enseñado y contado tantas y tantas anécdotas. A Iñigo Santamaría, por ser una inspiración para todos aquellos que amamos los musicales en España. A José Morales y Jonathan Fernández por la paciencia y el tiempo que me han dedicado para que este primer libro quede todo lo bien que se puede.

Gracias a Diego Rebollo y a Natalia Calderón por darme la oportunidad de compartir mi amor y mi conocimiento del Teatro Musical con MATEM y por recibirme en la Escuela TAI.

Gracias a Valentina Berger por confiar en mi como profesor de Historia del Teatro Musical en GO Broadway y por animarme a escribir este libro.

Y siempre, siempre, gracias al amor de mi vida, a María Ortega, por dejarme ser, por quererme como soy y por recordarme que no se dice friki, se dice "experto".